Grafische Gestaltung: www.jaromusic.de
ISBN 3-8311-4195-9

Herstellung: Books on Demand GmbH

Dr. Dieter Allroggen

1076/1077

St. Blasien

Juli 2002

1076/1077 n.Chr.

Seine Vor-Geschichte und seine verhängnisvollen
Auswirkungen. Gegen ihre mannigfach fehlerhafte
Darstellung und gegen deren kritiklose
Weitergabe:

„Gut's Schweinchen frißt alles!" !

Der Jugend, die ihr besseres Geschichts- und somit ihr besseres Selbstverständnis sucht.

VORWORT

Die folgenden Darlegungen, die eine Hilfe zu besserem und weiter zu verbreitendem Verständnis der deutschen Hauptprobleme werden sollen, sind kein Ersatz für die historische Vorlesung, für das historische Seminar und für das historische Proseminar der Universität. Auch nicht für guten Geschichtsunterricht der Schule. Werdenden Historikerinnen und Historikern kann und soll mit ihnen kein Ersatz geboten werden für jeweils eigene Quellenstudien. Die hier behandelten drei besonders bedeutenden Historiker des 20. Jahrhunderts n. Chr., nämlich Joseph Lortz, Aulo Engler und vor allem Geoffrey Barraclough, interessieren hier wegen ihres *Urteils* bezüglich des deutschen Hauptproblems und wegen der *Schlußfolgerungen*, die ihr Urteil nahe legt. Wer der Auffassung ist, sie seien überholt, möge dies nicht nur behaupten, sondern auch beweisen.

Meine geneigten Leserinnen und Leser sind eingeladen, ihre Urteile und die sich aus ihnen ergebenden Schlußfolgerungen zu vergleichen mit denen älterer berufener Historiker wie mit denen jüngerer, die in den letzten drei Jahrzehnten tätig geworden sind und mit denen ich mich leider wegen Mangels an Zeit und wegen schlechten Gesundheitszustandes bis heute nicht selbst beschäftigen konnte. Daß ein Vergleich ihrer Urteile mit denen älterer und mit denen jüngerer Historiker aufgrund meines bisherigen Wissens kaum allzu große Diskrepanzen ergeben könne, wage ich an dieser Stelle *nur* als eigenes „educated guess" anzumerken. Vergleiche mit Befunden aus Materialtypen, die andere, mir vertrautere, nämlich viel, viel ältere Abschnitte europäischer Geschichte betreffen und die ich mit Gewinn studieren konnte, erscheinen mir hier immerhin absolut unzulässig.

St. Blasien den 05.05.2002

Dieter Allroggen

„Gut's Schweinchen frißt alles!"

Notwendige neue Nachlese zu „Canossa" und seinen Hintergründen – Gregor VII. alias Hildebrand sowie Heinrich IV. und seine sieben Vorgänger im Urteil dreier besonders bedeutender Historiker des 20. Jahrhunderts n. Chr.

„Gut's Schweinchen frißt alles!" Die Erinnerung an jenen sarkastischen Ausspruch meiner Mutter, den sie tat in Anbetracht von Fällen sträflicher Kritiklosigkeit, wird neu geweckt beim Lesen und beim Hören von Äußerungen zu den Vorgängen der Jahre 1075, 1076 und 1077. Sogar Menschen von höchster Begabung und von höchster Bildung haben bestimmte, bekannte alte Märchen von den Eltern übernommen und an die Nachkommen weitergegeben, ohne sie zu überprüfen. In mündlichen wie in schriftlichen Darstellungen der Hintergründe des Streites Heinrichs IV. mit Papst Gregor VII. wurden und werden Tatsachen übergangen, deren Nachweis und deren Bedeutung *nicht nur der Historiker* gerecht würdigen sollte. Im heutigen Schulunterricht sowie im allzu alltäglich gewordenen Vorlesungs- und Seminarbetrieb der Universitäten gingen und gehen sie allzuoft unter. Bei gelegentlicher Erinnerung an die eigene Schulzeit drängt sich der Verdacht auf, als sei auch kundigen und klugen Geschichtslehrern aufgrund pädagogischer Überlegungen daran gelegen gewesen, katholische Schülerinnen und Schüler nicht zu früh zu konfrontieren mit allzu hart wirkenden Wahrheiten ohne sichere Gewähr, daß sie diese auch würden vertragen können. Manche akademische Lehrer der mittelalterlichen und der modernen Geschichte an Schulen und Universitäten behandeln die europäische und die deutsche des frühen wie des hohen Mittelalters zu kurz, weil sie an der Zeit des Humanismus, der Reformation und der Renaissance oder auch an bestimmten Entwicklungen späterer Jahrhunderte stärker interessiert oder gar allzu sehr auf sie fixiert sind. Indes ist dem richtigen Verständnis deutscher Geschichte noch nie förderlich gewesen, die mittelalterlichen Grundlagen des modernen Deutschland zu vernachlässigen. Man versteht ja auch sonst die Notwendigkeiten der Folgezeit und der Zeit von 1949 bis zur heutigen Zeit nicht. Die Erkenntnis der Wahrheit über das Deutschland des Mittelalters und über die entscheidenden Phasen seiner Entwicklung dient gleichzeitig der heute in allen Bereichen der Wissenschaft unerläßlichen Grundlagen-Besinnung, ohne die wir nie die gültige Antwort finden werden auf die Frage, was wir eigentlich tun und leisten bei aller Spezialistenarbeit.

In unserer, ja sogar in allerjüngster Zeit muß man erleben, daß auch große, historisch offenkundig versierte Journalisten in bekannten, angesehenen und guten Zeitungen die Bedeutung der Vorgeschichte des Februar 1077, der Vorgänge dieser Zeit selbst und ihrer Folgen entweder mißverständlich darstellen oder gar nicht zu würdigen wissen. Auch sie übernahmen und übernehmen kritiklos das in Jahrhunderten vor ihnen falsch Überlieferte.

Dies alles ist erst recht erstaunlich und befremdlich in Anbetracht der Ergebnisse, zu denen Historiker von internationalem Format bei gründlichen und gewissenhaften Untersuchungen der Geschichte des Mittelalters sowie der Ursachen der „Reformation" gekommen sind.

Genannt werden müssen an dieser Stelle vor allem: Die beiden Standardwerke von Joseph Lortz[1], Geoffrey Barraclough und sein Werk „The Origins of Modern Germany" (deutscher Titel: „Die mittelalterlichen Grundlagen des modernen Deutschland")[2] sowie Aulo Englers Buch „Canossa. Die große Täuschung"[3].

Die beiden Standardwerke von Joseph Lortz zeigen gerade jungen Menschen überzeugend und anschaulich, wie sehr man lernen muß, jeweils Person und Sache voneinander scharf zu unterscheiden.

Im ersten Kapitel seines Buchs „Die Reformation in Deutschland"[1], das er überschrieben hat „Von den Ursachen der Reformation"[4], macht er deutlich, wie sehr das Planen und Wollen Gregors des VII. in die Folgezeit bis zum Ende des 13. Jahrhunderts hineinwirkt, wie die letzten Endes von ihm initiierte „Klerikalisierung" zur „Entklerikalisierung" und zur „Minderung des religiösen Ansehens des Papsttums" geführt hat[5]; in den folgenden Kapiteln zeigt er, wie dann die Entwicklungen von 1300 bis 1450 auf Martin Luther zu geführt haben[6]. Barraclough zeichnet klar, übersichtlich und instruktiv die Vorgeschichte des Regierungsantritts Heinrichs I., die Entwicklung Deutschlands von 919 bis zum Tode Heinrichs III. im Jahre 1056, die Zeit der „Regentschaft" der Kaiserin Agnes, die Vorgeschichte der eigentlichen Regierungszeit Heinrichs IV. sowie Vorgeschichte, Verlauf und unbefriedigendes Ende des sogenannten Investiturstreits. Wir erfahren, was das Wormser Konkordat vom Jahre 1123 *nicht* eingebracht hat. Die Begegnung Heinrichs IV. mit Gregor VII. in Canossa würdigt Barraclough ausdrücklich als politischen Sieg Heinrichs IV[7]. Auf Einzelheiten, also auf den Wahrheitsgehalt der Epistel Gregors VII. an die deutschen Fürsten vom Spätwinter 1076/1077, die Art der Darstellung der Begegnung Gregors mit Heinrich, geht Barraclough nicht ein. Er macht Gregor den VII. dafür verantwortlich, daß Deutschland auch und gerade nach 1077 nie und vor allem niemals genügend lange die ihm gemäße Verfassung gehabt hat. Die Entwicklungen der Folgezeit deutet er folgerichtigerweise als Fehlentwicklungen: Sie bewirkten, daß über Jahrhunderte hin das Hauptproblem Deutschlands blieb, „... eine neue Form der politischen Einheit zu finden, die geeignet war, den tiefverwurzelten und berechtigten Bestrebungen des mißvergnügten und durch eine „ewig unvollkommene und unangemessene politische Wirklichkeit"[73] enttäuschen deutschen Volkes Ausdruck zu verleihen"[8].

Lortz, Barraclough und Engler sind sich offensichtlich einig in ihrer Beurteilung der Intentionen Gregors VII. Englers Buch ist sehr anschaulich, instruktiv und vor allem spannend geschrieben. Man möchte wünschen, daß er sich entschließen könne zu einer zweiten, verbesserten Auflage mit ausführlicherem Anmerkungsapparat, der ausführlichere Stellenangaben möglich macht, einem noch ausführlicheren Literaturverzeichnis sowie einem Anhang mit „exempla" der wichtigsten von ihm genannten, teilweise auch in Übersetzung zitierten Dokumente; die wichtigsten Stücke aus den „Annales" von Lambert von Hersfeld brauchten nur auszugsweise photokopiert zu werden. Vollständig in einen solchen Anhang aufgenommen werden sollten: das Seite 299 von ihm erwähnte „Papstwahl-Dekret" von 1059; das Verbot der sogenannten Laien-Investitur von 1074, das päpstliche Gesandte in Nürnberg und Goslar bekannt gaben (vergleiche auch hierzu Barraclough 98; bezüglich des Papstwahl-Dekrets vergleiche auch Barraclough 94 – 99); das Engler 300 ff. genannte und kommentierte „Arbeitspapier Gregors VII." mit seinen 27 Leitregeln, das auch „Dictatus Papae" genannt und am 08.12.1075 aus Rom Heinrich IV. zugestellt wurde (hierzu auch Barraclough 98 f.), das gegen Gregor den VII: gerichtete Absetzungsdekret vom 24.01.1076 als Ergebnis der Wormser Synode[9]; das vorausgehende „Ultimatum" Gregors VII. an Heinrich IV. von Anfang Januar 1976 (dazu Barraclough 98 f.); die gegen Heinrich den IV. gerichtete Bannbulle Gregors VII., bekannt gegeben während der Fastensynode in Rom vom Februar 1076[10]; sie ist in Geschichts- und Geschichtenbüchern oft ungeschickt oder schlecht zitiert; wie viele Menschen wissen eigentlich, daß Gregor der VII. dem Bannfluch unerhört wirkungsvoll die Form eines Gebetes gegeben und diesen Gebetstext kniend, mit erhobenen Händen gesprochen hat? Daß er sich dann eine brennende Kerze hat reichen lassen, um sie auf den Boden zu werfen und dann die brennende Kerze auszutreten? Wie viele begreifen jene „gekonnte, perfekte Regie..."?[11] In den Anhang gehörte auch der vollständige Text der Verzichtserklärung, die Heinrich IV. im Verlauf des Fürstentages von Tribur im Oktober 1076 abgepreßt worden war.[12] Desgleichen das ihm von den Fürsten dort aufgezwungene, an Gregor VII. zu richtende „Entschuldigungsschreiben" – mit dem von Heinrich IV. ohne Wissen der Fürsten angefügten Zusatz[13]; die epistula, die Gregor VII. an die deutschen Fürsten gerichtet hat nach Abschluß seiner Begegnung mit Heinrich IV. in Canossa[14]. Ebendahin gehören: das „von kurialer Seite" vorgelegte, zu Unrecht als „ius iurandum" des Königs ausgegebene, Engler 358 ff. kommentierte „Communiqué"[15]; die zeitgenössische Darstellung des schottischen Mönchs Marian[16].

Auf die Darstellung des Mönchs Donizo, des Biographen der Markgräfin Mathilde, der zur Zeit der Begegnung Heinrichs IV. mit Gregor VII. in Canossa lebte, sollte trotz oder gerade wegen ihres zweifelhaften Werts nicht verzichtet werden. Sie ist 1114 geschrieben und aufbewahrt in der Vatikanischen Bibliothek.[17]

Aufzeichnungen seitens des Abtes Hugo von Cluny und der Markgräfin Mathilde von Tuscien gibt es nicht.[17]

Auf Carl Erdmann, der „Die Briefe Heinrichs IV." in der Originalsprache herausgegeben hat[18], sei zum Schluß dieser Teilübersicht ebenfalls verwiesen.

Mit der Frage des Quellenwerts der „Annales" von Lambert von Hersfeld beschäftigt Engler sich sehr ausführlich[19]: Seine ihn betreffende Darstellung ist überzeugend, und eine Widerlegung scheint unmöglich. Wie Engler schreibt, war das Werk lange Zeit verschollen und tauchte erst 1525 wieder auf. Philipp Melanchthon erkannte es sehr an und sorgte für seine Verbreitung. Kleinere Bruchstücke waren schon aus der ersten Hälfte des 12. Jahrhunderts bekannt. Leider ließ und läßt sich nicht kontrollieren, was im Verlauf von drei Jahrhunderten hinzugefügt und verändert worden sein kann. Lange Zeit war es beherrschend bei Versuchen, die deutsche Geschichte des Mittelalters aufzuarbeiten. Man kann auch heute nicht an ihm vorbeigehen. Nicht zuletzt deswegen, weil es nur wenige derart umfassende Darstellungen gab. Die Darstellung des „Lambert" setzt ein bei „Adam und Eva", übernimmt Jahreszahlen und Ereignisse aus der Heiligen Schrift und wird dann fortschreitend mit zunehmenden Jahreszahlen stofflich ständig dichter. Die Zeit der Salier, gerade die des Streits Heinrichs IV. mit Gregor VII., wird „in peniblen Einzelheiten"[20] erzählt. Gerade deswegen wurde an ihr im 19. Jahrhundert Kritik geübt. Leopold von Ranke fand „Lambert von Hersfeld" unglaubwürdig, wenig zuverlässig und schlecht informiert. Wie viele Leute, angebliche oder vermeintliche Historiker, haben versäumt, sich mit Ranke auseinanderzusetzen! Mit einem Mann, der doch zumindest in dringendem Verdacht steht, ein ganz großer Historiker zu sein, und dem wir eine sehr anregend geschriebene Darstellung der Geschichte der Päpste verdanken! Und wann ist dies geschehen vor dem Erscheinen von Englers Buch?

Unbekannt blieb und bleibt, wer der Verfasser dieser „Annales" war. Er läßt sich keiner der Adelsfamilien zuordnen. Seinen ursprünglichen Namen kennen wir nicht. Reich muß er vor dem Eintreten in das Kloster gewesen sein. Er schreibt, er habe bei seiner Einkleidung „alles von sich geworfen"[21]. In autobiographischen Stücken „schreibt er von sich nur als „N"[22]. Immerhin steht der März 1058 als Zeit seiner Einkleidung fest. Die Priesterweihe erfolgte wenige Monate später. Da man glaubt, daß damals niemand vor Vollendung seines 30. Lebensjahres zum Priester geweiht worden sei, setzt man das Jahr 1028 als Geburtsjahr oder zumindest als „terminus ante quem" hierfür an.

Ab 1042 wird seine Darstellung umfangreicher und präziser. Die vorhergehende Zeit ist bei ihm nur referiert. Die Zeit der Niederschrift der „Annales" ist anzusetzten zwischen 1077 und 1080. Ihr Höhepunkt und ihr Ende ist die Erhebung Rudolfs von Schwaben, der mit Spitznahmen der „Pfaffenkönig" hieß, zum Gegenkönig.

Der Verfasser war also Zeitgenosse. Seine Darstellung ist parteiisch, gegen Heinrich IV. gerichtet. Gegen Heinrich ist „kein Negativum stark genug"[23]. Thüringische Fragen sind in besonderer stofflicher Dichte dargestellt. Man darf vermuten, daß er einer der großen thüringischen Adelsfamilien der antisalischen Opposition angehörte.[24] Später wurde er Abt des Klosters Hassung. Dies wäre nicht möglich geworden, wenn er nicht adeliger Abstammung gewesen wäre. Damals waren die Klosterangehörigen – nicht die „dienenden Brüder" – Mitglieder der großen Adelsfamilien, die auf diese Weise gegebenenfalls ihre nachgeborenen Söhne versorgten. Dennoch ließ und läßt sich nicht klären, wer sich hinter dem Namen „Lambert von Hersfeld" verbirgt.

Sein Werk gibt übrigens *nicht* die Auffassung des Klosters Hersfeld wieder: Der damals regierende Abt von Hersfeld war Parteigänger von Heinrich IV! Das Werk kann demnach nur Produkt persönlichen Familienhasses sein. Vom Beginn der Darstellung der Geschichte Heinrichs IV. an „... verlassen die Annalen den Stil einer historischen Bearbeitung und nehmen geradezu romanhafte Züge an. Trotzdem muß man sich auch mit diesen Partien befassen, weil man sich nur so ein Urteil über das Werk der Arbeit als einer ernsthaften Quelle machen kann ..."[25]. Engler verweist auf den Widerspruch einzelner Stellen zu seiner vom Grundsatz her konträren Einstellung und merkt an, daß er gerade an diesen das Richtige aussagt.[26]

Für die Vorgänge von 1077 und besonders für das Geschehen in Canossa war er kein Augenzeuge. Seine diesbezügliche Darstellung ist abhängig von der epistula, die Gregor VII. an die deutschen Fürsten gerichtet hat nach seiner Begegnung mit Heinrich IV. in Canossa.

In Bezug auf den Winter 1076/77 als „Jahrhundertwinter" sind alle Quellen offensichtlich einig! Gerade diese Feststellung ist besonders wichtig! Gerade Engler legt endlich gebührend großen Wert auf sie!

Da nach übereinstimmendem diesbezüglichen Urteil, dem Lortz und Barraclough mit keiner Silbe widersprechen und das Engler an mehreren Stellen seines Buchs ausdrücklich bekräftigt, mehrere Monate lang alle Flüsse sowohl Deutschlands als auch Ober- und Mittelitaliens zugefroren waren und in Canossa, dessen Burg dazu noch mehrere Hunderte von Metern über dem Meeresspiegel lag, die Temperaturen noch niedriger gewesen sein müssen, stellt sich die Frage, was im Januar und im Februar des Jahres 1077 tatsächlich im Dreieck Canossa-Bibanello-Reggio-nell'Emilia geschehen sein kann und geschehen sein muß, was allenfalls möglich, was unter den gegebenen, jungen Schülerinnen und Schülern allzu oft verschwiegenen Umständen jedoch physisch, physiologisch und psychologisch, also schon rein medizinisch, absolut unmöglich ist! Wie Engler fordert, muß man die authentischsten Quellen zu ihrer sachgerechten Untersuchung heranziehen. Auf Geschichten und Geschichtchen, die lediglich geschickt oder auch ungeschickt „herausgesponnen" sind, kann und darf, ja muß man dabei verzichten! Oder ist der Papst Gregor VII. allzu lange gewährte, von Engler ausführlich gewürdigte „Vertrauensbonus" auch heute noch eine Entschuldigung für kritiklose Nachbeter?

Aus der oben erwähnten, von Papst Gregor VII. an die deutschen Fürsten gerichteten Epistula seien hier folgende Sätze zitiert[28]:
„... Inzwischen war aber des Königs Ankunft sicher bekannt. Bevor dieser Italien betreten hatte, schickte er auch eine Bittgesandtschaft an Uns voraus und übernahm es auf alle Weise,

Gott, dem Heiligen Petrus und Uns Genugtuung zu leisten. Er versprach zur Besserung seines Lebens jeden Gehorsam zu wahren, wann er nur bei Uns die Gnade der Bannlösung und des apostolischen Segens zu erreichen gewürdigt würde. Während Wir dies in vielen ergebnislosen Verhandlungen, erzürnt durch seine Anmaßungen, durch alle Boten, die hin und her gingen, lange hinauszögerten, ist er dann in eigener Person, keinerlei Feindseligkeiten und Drohungen zeigend, zum Flecken Canossa, wo Wir uns aufhielten, mit nur geringem Gefolge gekommen. Daselbst während dreier Tage vor dem Tor der Burg ohne Abzeichen seines Ranges[29], demütig, nämlich „discalceatus", ohne Fußbekleidung, im härenen Gewand verharrend[30], ließ er nicht früher ab, mit vielem Flehen die Hilfe und den Trost des apostolischen Mitleides zu erbitten, bis er alle, die dort anwesend waren und zu denen jener Lärm drang, zu großer Milde und des Mitleides Mitgefühl bewegte, daß ... Endlich ... haben wir ihn .. nach Lösung der Fessel des Bannfluches in die Gnade der Gemeinschaft und an den Busen der heiligen Mutter Kirche wieder aufgenommen, nachdem ...".

Diese Darstellung ist unter keinen Umständen richtig! Engler erinnert mit Recht an den außergewöhnlich strengen Winter[31]! Dann ist auch seine Deutung jenes Dokuments richtig, das zu Unrecht „Eid des Königs" genannt wird und das er als „Communiqué"[32] bezeichnet.

Ein „ius iurandum" seitens des Königs ist nach Engler unvereinbar mit damals geltendem Verfassungsrecht. Enger zitiert S. 358 auf Deutsch: „Es ist darauf gehalten, daß der deutsche König nicht in Person einen förmlichen Eid ablegte". Das „Communiqué" enthält *keine* Hinweise auf die Hauptziele Gregors. Verständlich, daß Engler sich erinnert fühlt an jenes berühmte „Parturiunt montes et nascitur ridiculus mus"! Irgendwelche *Termine* vorgesehener Verhandlungen oder vorgesehener Vermittlungsbemühungen seitens des Papstes in einem Streit Heinrichs IV. mit den deutschen Fürsten sind nirgends genannt. *Fragen* wie die *Ehelosigkeit von Priestern*, die *Investition* deutscher Kirchenfürsten *oder gar die Frage der Absetzung des Königs* sind *nirgends* erwähnt. Ebendahin gehört die oben schon erwähnte zeitgenössische Darstellung des schottischen Mönchs Marian, die Engler 366 f. wörtlich auf Deutsch zitiert und deutet. Ihm zufolge schrieb Marian im Jahre 1078: „Henricus ergo rex, Heinrich als König, und der Papst Hildebrand hatten eine Zusammenkunft im Monat März in Langobardien. Der König hatte dort vom Papst die Lösung vom Bann erhalten, der Papst aber vom König den apostolischen Thron". Leider fehlen bei Engler weitere Angaben zu Marian, desgleichen weitere Stellenangaben. Engler 364 f. und 366 f. ist unbedingt zuzustimmen.

Die Zusammenkunft Heinrichs IV. mit Gregor VII. hat tatsächlich im Februar 1077 stattgefunden. Aber die diesbezügliche Darstellung Gregors VII. ist offenkundig falsch! Das „Communiqué" und die Darstellung des Marian sind ebenso offenkundig zutreffend. Auch Englers Deutung ist richtig. Heinrich IV. hatte in Canossa „seinen Standpunkt durchgesetzt", „hatte das Kampffeld von Canossa als Sieger verlassen können"[33], obwohl er den Kompromiß der Anerkennung des Mönchs Hildebrand als des Papstes Gregor VII. nicht vermeiden konnte!

„Canossa" ist demnach von Barraclough und von Engler markiert als einmaliger, unwiederholbarer Zwischenakt. Wer hat also das Recht, das ganze Mittelalter als „die Zeit der Canossagänge" zu bezeichnen? Wer verbaut damit das Verständnis für die Einmaligkeit und Unwiederholbarkeit der Auseinandersetzung, das Verständnis der Einmaligkeit der sie austragenden Personen wie das der Einmaligkeit und Unwiederholbarkeit von „Canossa" selbst?

Die Frage nach „Canossa", wie es wirklich war, steht in engstem Zusammenhang mit der Frage nach dem eigentlichen Thema des so genannten Investiturstreits, also im Zusammenhang mit der Frage, ob die alte, von Heinrich IV. verteidigte, von Mönch Hildebrand und seinen Gesinnungsgenossen bekämpfte, in Europa, besonders jedoch in Deutschland und in Italien, geltende Ordnung nach bestmöglichem damaligem menschlichen Ermessen gut oder zumindest erhaltenswert war. Kann sie „golden" gewesen sein? Oder bestehen eher auch in diesem Fall Zusammenhänge zwischen Fehlern und Mißständen einerseits und Tendenzen zur Abschaffung der damaligen Art der Monarchie in Deutschland andererseits? Bewirken Fehler und Mißstände lediglich die Notwendigkeit von Teilreformen oder lagen sie gar im System selbst? War die von Hildebrand angestrebte Ordnung „golden"? War sie überhaupt realistisch? Mit welchem Recht konnte sich Hildebrand, der spätere Papst Gregor VII., auf Aurelius Augustinus und auf sein Werk „De Civitate Dei" berufen? Paßt sein Streben zu den Warnungen, die gerade dieses Werk enthält? Was schreibt Augustinus darin über Entstehung und Bestimmung des Staates? Waren die Ziele Gregors VII., des Mönches Hildebrand, identisch mit denen der damaligen deutschen Fürsten, die sich ebenfalls gegen Heinrich IV. erhoben hatten und zeitweise mit Gregor VII. glaubten, gemeinsame Sache machen zu können?

Die erste der hiermit aufgeworfenen Fragen ist die nach Wert und Beständigkeit des „Ottonianum" vom Jahre 962, auf dem die bis zum Tode Heinrichs III. bestehende Ordnung beruhte. Wie und warum kam es überhaupt zustande? Wies es strukturelle Schwächen auf, die spätestens nach dem Tode Heinrichs III. zur Revision, zu Verbesserungen oder zur Weiterentwicklung drängten oder gar seine Abschaffung zwingend geboten erscheinen lassen konnten?

Was hätte rechtzeitig getan werden können und getan werden müssen ohne den Hildebrand'schen Störfaktor? Gab es eine überzeugende, real durchsetzbare Alternative zum „Ottonianum" und zu den ursprünglichen Zukunftsplänen Heinrichs IV. selbst?

In der Bewertung des „Ottonianum" und seiner Vorgeschichte stimmen Barraclough und Engler überein. Um seine Entstehung und seine Auswirkungen gerecht würdigen zu können, muß man die unterschiedlich günstigen Situationen der Päpste der gesamten Zeit von 313 bis 962 kennen; man muß auch wissen, welche Probleme sich manche Päpste des 8., des 9. und des 10. Jahrhunderts n. Chr. selbst und schuldhaft geschaffen haben. Nur sehr wenige Päpste können einen Vergleich mit Gregor I. und Leo I. aushalten. Ein Mann wie Gregor I. konnte seine Fähigkeiten, auch sein politisches Können, beweisen und zugunsten Roms wie ganz Italiens einwirken lassen in Zeiten eines Machtvakuums, als kein das ganze Römische Reich beherrschender Augustus, kein weströmischer Herrscher, kein germanischer Stammeskönig und kein Kaiser in Byzantion zu gültiger Lösung praktischer politischer, sozialer oder wirtschaftlicher Probleme Roms oder Italiens beitragen konnte. So Großes in Notzeiten über Jahrhunderte hin manche fähige und würdige Päpste und mancher wirklich begnadete Papst, mancher hervorragende Erzbischof oder Bischof und mancher Angehöriger des nachgeordneten Klerus geleistet, so viel mancher Welt- und mancher Ordensgeistliche zur Abwendung schweren politischen Schadens im Kleinen wie im Großen beigetragen hat und so sehr sie zeitweise – manches Mal, ohne dies zu beabsichtigen! – den Anschein erwecken konnten, als sei die Übernahme politischer Macht durch Kleriker zu allen anderen den Klerikern gestellten Aufgaben die ideale Dauerlösung aller Schwierigkeiten der Politik[34], wenn nicht gar das Allheilmittel, so wenig dürfen wir die Warnungen vor diesem Irrtum ignorieren; sie kamen und kommen aus den Federn und aus dem Munde berufener Beurteiler![35] Das vollkommene Reich Gottes *kann* der Mensch *nicht* von sich aus auf Erden errichten; noch weniger kann er das Paradies auf die Erde zaubern; mit solchen Unternehmen kann ein Mensch nur sich selbst und anderen Menschen die Welt und das Leben zur Hölle machen!

Schon Augustinus warnt vor diesem Irrtum! Verstehe ich ihn recht, so ist die von ihm in seinem Werk „De Civitate Dei" dargestellte „civitas terrena" das Reich des Bösen, also Satans Reich. Mit dem menschlichen Staat ist die „civitas terrena" *nicht* identisch[36]! Augustiunus ist auch kein Anwalt von „Caesaropapismus", „Hierokratie" oder „Josephinismus"! Welche Leute ihn innerhalb der Zeit von seinem Tode in Hippo Regius bis zum Ende des 11. Jahrhunderts n. Chr. mißverstanden haben, ist einer eigenen Untersuchung wert!

Studieren muß man sowohl das Werk des Augustinus als auch die Geschichte der Päpste der Zeit von 313 bis 962, besonders der Päpste des 9. und des 10. Jahrhunderts, die außerstande waren, aus eigener Kraft ihre politische Unabhängigkeit zu behaupten und die Freiheit der Kirche wirksamer zu schützen, und Partner brauchten unter fähigen wie starken Regenten, die die christliche Glaubens- und Sittenlehre wie die wahren, recht verstandenen Anliegen der Kirche zu ihren eigenen machten.

Barraclough[37] und Engler behandeln dieses Problem ausführlich. Eine adäquate Darstellung ihrer Forschungsergebnisse ist an dieser Stelle unmöglich. Gelingen kann hier nur eine Erinnerung an allerwichtigste Fakten und Entwicklungen. Auch Einzelbegründungen wichtigster Argumente müssen hier unterbleiben. Ein Ersatz für die instruktiv, anschaulich und packend gestalteten Darstellungen von Lortz, Barraclough und Engler ist hier ohnehin unmöglich und auch nicht angestrebt. Bei Beschränkung auf das Allerwichtigste bleibt notwendig, an folgendes zu erinnern:

Der Begriff des „Römischen Kaisers" erfuhr nach 313 einen Bedeutungswandel. „Kaiser" ist bekanntlich abgeleitet von „Caesar", dem über Generationen vererbten „cognomen" der alten römischen gens Iulia. Am bekanntesten unter den Angehörigen dieser alten Adelsfamilie, die zum ganz alten römischen Stadtpatriziat gehörte, ist C. Iulius Caesar, der bis zu seiner Ermordung am 15. März des Jahres 44 v. Chr. „dictator perpetuus" war.

Er adoptierte C. Octavius, der im Jahre 63 v. Chr. geboren war und mit vier Jahren seinen Vater verloren hatte. Nach seiner Adoption hieß C. Octavius bis zum Ende seines Lebens im Jahre 14. n. Chr. „C. Iulius Caesar Octavianus". Später verlieh ihm der römische Senat den Titel „Augustus". Der so als „der Erhabene" Ausgezeichnete wurde begriffen als ein an die erste Stelle Gesetzter, der ein göttliches Wesen (= numen) *hatte* und *nach* seinem Tode ein „numen", ein göttliches Wesen, *war*. Er selbst begriff sich als erster Mann im Staat, als „princeps". Die von ihm erdachte, begründete und mit Leben erfüllte Verfassung nannte und nennt man „Prinzipats-Verfassung", seine Stellung im Staat den „principatus". Alle später deutlicher hervortretenden Tendenzen zu einem Wandel vom Prinzipat zum Dominat lehnte er strengstens ab. Er verbat sich die Anrede

„Domine". Sein Adoptivsohn und Nachfolger Tiberius Iulius Caesar Augustus lehnte sie ebenso sehr ab. Vgl. Tac., Ann. II 87; Sueton., Aug. 53,1; Sueton., Tib. 27; Dion Cassius LVII 8,2: „Für die Sklaven bin ich der Herr, für die Soldaten der Imperator, für die übrigen aber der Princeps." (Übersetzung von Matthias Gelzer). Kultische Verehrung ließen Tiberius Caesar Augustus und sein Adoptivvater nicht in Italien und noch weniger in Rom zu. In der Asia erlaubte der berühmte Augustus einen ihm selbst gewidmeten Kult in Verbindung mit dem Kult zur Ehre der Göttin Roma. Als Constantinus der Große nicht nur das Christentum zu tolerieren befohlen, sondern auch zur Staatsreligion erhoben hatte, trat ein grundlegender Wandel ein. Als „Römischer Kaiser" war Constantinus der Große oberster weltlicher Herr und zugleich höchster Beschützer der Kirche. Die Initiative zur berühmten Versammlung der höchsten Vertreter der Kirche, die in Nikaia tagte, ging von ihm aus. Ihren Vorsitz übernahm er, weil sich die frommen Kirchenväter nicht einmal auf einen Vorsitzenden einigen konnten. Er galt fortan als „von Gott über uns Bischöfe gesetzt", wie Eusebius, der Bischof von Caesarea, der als „Vater der Kirchengeschichte" angesehen wird, formuliert hat[38]. Nach vollzogener Teilung des Römerreiches, nach Untergang des Weströmischen Reiches, nach dem Tode von Iustinianus blieb das Oströmische Reich (mit der Hauptstadt Byzantion alias Constantinopolis) letzten Endes nur ein mittelalterliches griechisches Königsreich, und seine Sprache war das Mittelgriechische. Sein Einfluß auf die nicht griechischen Gebiete des alten Römischen Reiches war nach dem Tode des Kaisers Iustinianus unterschiedlich groß. Den Prozeß der totalen Re-Hellenisierung des Ostreiches hielt dann niemand mehr auf. Die weitere Entwicklung Italiens und des gesamten westlichen Europa führte dahin, daß nur mächtige Frankenkönige wie Chlodwig, Pippin, Karl der Große und Arnulf die Päpste wie die Freiheit der Kirche schützen konnten.

Das ursprüngliche Königtums Chlodwigs war ein „Sakralkönigtum"[39]. Als Merowinger stammte er nach allgemeiner Überzeugung von Göttern ab. Bekehrung und Taufe gaben seinem Königtum eine neue Funktion, änderten jedoch nichts an dessen Sakralcharakter. Beim Übergang der Herrschaft von den Merowingern zu den Karolingern[40] wirkte die Kirche mit. Pippin wurde nach alter, bei den Franken üblicher Sitte zum König gewählt, dann gesalbt: *„als* König", *„ nicht zum König "* [40]! Diese Salbung markierte seine Aufnahme „in den Kreis der königswürdigen Familien"[40]. Sie wurde durch den Wechsel der Königsfamilie notwendig. Außerdem verlieh sie Pippin bischöfliche Würden und markierte seine Krönung durch Gott[40]! Und der Papst akzeptierte ohne Einschränkungen die im Frankenreich entstehende „eigenständige Landeskirche"[41]! Auch Karl der Große begriff sich als Schutzherr der Kirche und als von Gott gekrönt. Aber auch als Verteidiger der Kirche und ihrer reinen Lehre[42]. In ihrem Urteil über Schwäche- und Verfallsperioden des Frankenreiches sind Barraclough und Engler einig[43]. Desgleichen in ihrem Urteil bezüglich der verheerenden Auswirkungen auf Kirche und Papsttum. Auch in der Bewertung Arnulfs von Kärnten widersprechen sie einander nicht[44]. Sie sind sich auch einig in ihrem Urteil bezüglich der Kontinuität des Selbstverständnisses der Könige über 919 hinaus. Trotz der Verschiedenheiten von Konrad I., Heinrich I. und Otto I. „rex et sacerdos" war sowohl Konrad I., der bis 918 regierte, als auch Heinrich I.[45] und Otto I. Keiner der beiden Historiker macht Karl den Großen oder Konrad I. oder Heinrich I. oder Otto I. zu einem Heiligen oder gar zu einem Engel. Ihre Mittel waren manchmal mehr als seltsam. Entsprechendes gilt in Bezug auf Constantinus den Großen.

Man konnte beim besten Willen seitens der katholischen Kirche keinen von ihnen heilig sprechen und somit erheben zur Ehre der Altäre[46]. Aber Argumente gegen Heiligsprechungen sind nicht oder zumindest nicht unbedingt Argumente gegen priesterliches Königtum und königliches Priestertum[47]! Nach dem Tode Karls des Großen verfiel das Frankenreich, und das Papsttum durchlebte eine lange Periode unwürdigsten Niederganges[48]. Sie konnte nicht zu Ende gehen ohne einen starken deutschen König, nachdem Arnulf gestorben war. Otto I. hätte sie nicht beenden können, wenn ihm nicht sein Vater, Heinrich I., einen neuen und starken deutschen Staat hinterlassen und er selbst die Position Deutschlands wie die Stellung der Krone ständig gefestigt hätte! Gerade in der Situation von 962, dem Jahr der Kaiserkrönung Ottos I. in Rom, hatte die Kirche jenen „Papst" Johannes XII[49]! In diesem Jahr legte Otto I. die deutsche Politik auf Jahrhunderte hin fest. Er entwickelte das alte „Lotharianum"[50] weiter, nachdem er seinen Sohn, den späteren König und Kaiser Otto II., in Aachen zum König und somit zu seinem Nachfolger hatte krönen lassen und im Hochsommer des Jahres 961 über die Alpen nach Italien gekommen war, zu dem neuen Vertragswerk, das als „Ottonianum" in die Geschichte eingehen sollte. Die alte Überlieferung blieb die Basis der neuen Ordnung der Verhältnisse. Fortan gab es keinen Papst mehr ohne Zustimmung des deutschen Königs. Dessen Vollmachten waren unabhängig vom Vollzug der Kaiserkrönung! Die Kaiserkrone wurde Erbbesitz des deutschen Königtums. Papst Johannes XII. verpflichtete sich, sie nie mehr dem deutschen König streitig zu machen! An diese Abmachung war die Kurie fortan gebunden! Das Recht, den deutschen König zum Kaiser zu krönen, das Recht zur Verleihung der Kaiserwürde war nur noch Zeremonie. Nicht mehr der Papst konnte beanspruchen, den deutschen König zum Kaiser zu machen. Das Anrecht des deutschen Königs auf den Besitz der Kaiserkrone war originäres königliches Recht! Warum wurde und wird dies allgemein übersehen oder gar böswillig verschwiegen[51]?

In Rom bestätigte Otto I. noch einmal die Schenkungen, die Pippin und Karl der Große der Kirche vermacht hatten. Auch dies ist bewußter Anschluß an alte merowingische und karolingische Tradition. Wie Engler schreibt, ist das kaiserliche „exemplum" der Vertragsurkunde nicht erhalten[52]; der Vatikan stellte „erst sehr spät"[52] sein „exemplum" den Forschern zur Verfügung. Vorwürfe willkürlicher Veränderungen und Fälschungen, die wegen des sehr weit gehenden Rechts des deutschen Königs von Interessenten bald aufgebracht wurden, sind unhaltbar. Das den Forschern vorgelegte „exemplum" des Vertrags ist ja, wie oben erwähnt, von kirchlicher Seite vorgelegt worden. Spätere Verstöße gegen den Vertrag, die sich Papst Johannes XII. zu Schulden kommen ließ, wurden durch Otto I. geahndet[53]. Auch hierbei wurde ersichtlich, daß die königlich-kaiserliche Gewalt allgemein anerkannt war als unmittelbar von Gott stammend – zumal da der Kaiser traditionell bezeichnet wurde als „a Deo coronatus". Unter dem Schutz des Kaisers gedieh die Kirche: nicht nur die rein deutsche Reichskirche im engeren Sinne, sondern auch die gesamte Kirche. Ihren religiösen Anliegen konnte sie sich endlich wieder ungestört widmen. Die Reichskirche war abgesichert; sie konnte sich zur machtvollen Stütze des Kaisertums und zu neuer Kraftquelle für die gesamte Kirche entwickeln auf dem Weg zur notwendigen inneren Reform. Die Folgezeit sowie die Verschiedenheiten der von 972/3 bis 1056 regierenden Monarchen und ihre jeweilige Politik können an dieser Stelle nicht dargestellt werden[54].

Man kann nunmehr in vorläufiger Zusammenfassung folgendes festhalten:

Das „Ottonianum" war und blieb in Zeiten seiner Effektivität der einzige wirklich ernst zu nehmende Stabilitätsfaktor. Es bekam Reich und Kirche gut. Ohne „Ottonianum" war keine Freiheit der Kirche möglich. Der deutsche König war aufgrund seiner Salbung als König „rex et sacerdos", also kein „laicus". Er hatte das Recht, Päpste, Erzbischöfe, Bischöfe und Äbte zu ernennen. Die von Hildebrand, dem späteren Papst Gregor VII., inkriminierte „Laien-Investitur" gab es in Wirklichkeit nie!

Die ab 919 regierenden deutschen Könige aus dem Haus der Liudolfinger, nämlich Heinrich I. (919-936), Otto I. (936-973), Otto II. (973-983), Otto III. (983 – 1002), der keineswegs der „Träumer" war, als der er in manchen Geschichts- und Geschichtenbüchern dargestellt wurde und wird, und Heinrich II. (1022-1024), sowie die Salier Konrad II. (1024 – 1039), Heinrich III. (1039-1056) und Heinrich IV. waren keine Engel, mit Ausnahme Heinrichs II. auch keine Heiligen, aber überzeugte Christen, keineswegs nur äußerlich und aus irgendwelchem Opportunismus religiös. Aufgrund ihrer Fähigkeiten, ihrer hohen Bildung, ihres hohen Ethos, ihres ausgeprägten Verantwortungsbewußtseins und ihrer außergewöhnlichen Energie, zu der auch außergewöhnliche geistige Energie gehörte, überragten sie jede Norm! Die Bilder späterer Potentaten[55], insbesondere die Erfahrungen mehrerer vor uns lebender Generationen von Menschen mit gewissen Machthabern und Scheinmachthabern des 19. und 20. Jahrhunderts, insbesondere solchen der Zeit von 1871 bis 1918, darf man unter keinen Umständen in sie hineinprojizieren! In Wirklichkeit hatte jeder von ihnen Sinn für Fug und Maß sowie den unerläßlichen Instinkt. Vergleiche mit irgendwelchen „Paranoiden", mit irgendwelchen „Nationalisten" oder „Imperialisten" oder „Militaristen" sowie mit Phantasten, krankhaften Romantikern, monomanischen „Weltverbesserern" und Strebern nach irgendeiner Art von Weltherrschaft verbieten sich! In ihrer Zeit waren sie auch die besten Anwälte der Freiheit der Kirche und deren reiner Lehre! Der deutsche König und „Römische Kaiser" dieser Zeit hatte freilich nichts im Sinn mit „Hierokraten", war aber auch kein „Caesaropapist" und kein „Josephinist"! „Staatskirchentum" im allzu bekannten schlechten Sinn lag ihnen völlig fern! Entsprechendes gilt in Bezug auf „Simonie" im Sinne Gregors VII., wie noch darzulegen sein wird.

Die von diesen Menschen angestrebte und zum guten Teil verwirklichte Ordnung war ausbau- und entwicklungsfähig, freilich auch ausbau- und entwicklungsbedürftig. Wären diese Herrscher in Ruhe gelassen und nicht ständig gestört worden, hätten sie früher oder später das von ihnen Geschaffene weiter entwickeln können und weiter entwickeln müssen mit dem Ziel, auch den unteren Ständen (freien Bauern, Handwerkern, Bürgern), dem niederen Adel und den Gelehrten größere individuelle Freiheiten zu verschaffen. Auch die Förderung der Städte, zu der schon Heinrich I. (= der Städtegründer!), dann Heinrich III. und Heinrich IV. sehr schöne Ansätze zustande gebracht haben, hätte auf die Dauer größere Fortschritte bedingen können und müssen. Die Schwächen der Ordnung, die mit dem Stichwort „Ottonianum" an dieser Stelle umschrieben werden soll, waren überwindbar!

Gestört wurden diese ersten deutschen Monarchen hauptsächlich durch die weltlichen deutschen Fürsten, die zum großen Teil dem hohen Adel angehörten. Deutet dies auf natürliche Entwicklungen oder auf Überforderung der Kräfte von Monarchen dieser Art?

Immerhin kennen wir aus der Geschichte anderer Völker und Staaten vorhergehender Jahrhunderte, nicht zuletzt aus der früh-antiken Geschichte Griechenlands, nicht zuletzt Athens, die Tendenz des stetigen Wandels von ursprünglich monarchischen zu aristokratischen, dann von oligarchisch-aristokratischen zu demokratischen Regierungsformen. Indes gingen derartige Entwicklungen unterschiedlich schnell voran. Auch die Entwicklung der Menschen und Völker zur Reife für die Aristokratie bzw. für die Demokratie verlief naturgemäß unterschiedlich schnell.

Im Deutschland des 10., des 11. und des 12. Jahrhunderts waren die dem hohen Adel angehörenden Fürsten noch keineswegs reif für eine Aristokratie! Die ersten Monarchen dieser Zeit waren weit davon entfernt, sich falsche Ziele zu stecken und sich dadurch zu übernehmen! Überfordert waren erst Kaiserin Agnes, Heinrich IV., Heinrich V. und ihre Nachfolger! Hieran sind indes nicht diese noch ihre Vorgänger schuld!

Bleibt die Frage nach den Zusammenhängen zwischen Unzulänglichkeiten von Regierungssystemen und Staatsformen einerseits und Tendenzen zu ihrer jeweiligen Abschaffung andererseits, die sich in der Geschichte ja ständig neu gezeigt haben und zeigen:

Als auf Dauer gefährliche Unzulänglichkeiten bleiben der Mangel an Sinn für Relationen, der Mangel an Sinn für Fug und Maß, der krankhafte Überehrgeiz, die Kurzsichtigkeit und die egozentrische Rücksichtslosigkeit des hohen weltlichen Adels! Man verwechsle ihre Ziele nicht mit denen von redlichen Föderalisten und Förderern einer Demokratisierung mit Streben nach Sicherung der Freiheit des Individuums[56]! Eine über Jahrhunderte hin beobachtbare Entwicklung sollte jede Illusion zerstören! Nur Inhaber einer starken Zentralgewalt mit Fähigkeiten und Ethos der Liudolfinger und der Salier hätten das dazu nötige Gleichgewicht der Kräfte im Staat, die richtigen Relationen zwischen Zentralgewalt und Untergewalten sowie die richtigen Relationen der Untergewalten zueinander sichern, auf diese Weise den in sich ausgeglichenen Staat schaffen können, der dann auch die Freiheit, nicht zuletzt die Freiheit des mit Geist begabten Individuums, gesichert hätte! Die offenkundig notwendigen Reformen hätten von ganz oben kommen müssen und wären dann auch gekommen. Zu den destruktiven Kräften, die derartige, günstige und der Stabilität dauerhaft dienende Entwicklungen ständig aufhielten oder verhinderten, gehörten, wie oben schon angemerkt, die Angehörigen des hohen weltlichen Adels. Die zweite destruktive Kraft, die bestehende Unzulänglichkeiten konservierte, ja sogar böswillig verschlimmerte, waren Hildebrand, der spätere Papst Gregor VII., und seine Anhängerschaft!

Bezüglich der Frage, ob die von Gregor VII. alias Hildebrand angestrebte Ordnung „golden" oder zumindest realistisch war, stimmen die Antworten von Barraclough[57] und Engler[58] überein, und Lortz widerspricht ihnen nicht. Daß Gregor VII. kein Recht hatte, sich auf Augustinus zu berufen, ist oben schon dargelegt. Daß die deutschen Fürsten, die sich gegen Heinrich IV. erhoben, andere Ziele hatten als Gregor VII., bestätigen diese drei Historiker ebenfalls[59]. Sie bezeugen auch deutlich, wie sich Heinrich IV. und seine sieben Vorgänger *nicht* verstanden, was ihr Königtum und Kaisertum *nicht* war[60]. Eine Nachzeichnung ihrer ausführlichen Darlegungen, die ein sehr differenziertes Bild vermitteln, ist an dieser Stelle unmöglich, ebenso eine vollständige Würdigung ihrer jeweiligen Einzelbegründungen. Auch die Teilprobleme, mit denen diese Herrscher von 918/19 bis 1056 zu tun hatten und denen sie sich mit unterschiedlicher Intensität widmen konnten, können hier nicht ausführlicher behandelt werden. Zum Verständnis der Zusammenhänge, in die alle Schwierigkeiten Heinrichs IV. einzuordnen sind, sei nur in aller gebotenen Kürze folgendes festgehalten:

Was wollte Gregor VII. alias Hildebrand wirklich?

Gutgläubige Lehr- und Geschichtenbuchschreiber haben über Jahrzehnte hin beharrlich behauptet, Gregor VII. habe gegenüber Heinrich IV. als einem früh vaterlos gewordenen und falsch erzogenen jungen Mann ursprünglich nur wohlwollende Absichten gehabt, und Heinrich IV. habe dies gar nicht zu würdigen gewußt, ja sogar mit schwärzestem Undank gelohnt. Den bösen deutschen Fürsten habe er sich durch sein absolut ungehöriges Verhalten gegenüber dem Papst als dem Heiligen Vater selbst ans Messer geliefert. Heinrich IV. sei also allein schuld an seiner Exkommunikation, an Krieg, Bürgerkrieg, Mord und Totschlag wie am Ruin Deutschlands, Italiens und Europas. Der Papst habe legitime Interessen der Kirche wahrnehmen müssen mit seinen Forderungen nach Ehelosigkeit der Priester, Verzicht auf so genannte Laien-Investitur zugunsten von Äbten, Bischöfen und Erzbischöfen sowie mit seiner Forderung nach Ende jeder Art von „Simonie" im allerschlimmsten Sinne des Wortes. Der Papst habe dies in Güte und Gerechtigkeit im Zusammenwirken mit dem jungen neuen deutschen König ordnen wollen, aber der böse König Heinrich IV. habe nicht einmal einen Versuch einer sachgerechten Verständigung und sachgebundenen Zusammenarbeit mit ihm gemacht. Diese Behauptungen sind leider auch heute noch sehr weit verbreitet.

Tatsächlich wissen wir ja genau, daß es in der von der Hildebrandinischen Faktion und von Hildebrand selbst vorbereiteten, mit Raffinement vorangetriebenen, dann 1075 auf die Spitze getriebenen Auseinandersetzung nicht primär um diese Anliegen ging. Der erst „kalte", dann „heiße" Krieg ist zu Unrecht als „Investiturstreit" bezeichnet worden.

Die Vorgänger Heinrichs IV. und Heinrich IV. selbst waren nie Gegner der Ehelosigkeit von Priestern oder gar von Ordensleuten gewesen. Die berühmte Cluniazensische Reform erfreute sich seit ihren Anfängen ihrer wohlwollenden Unterstützung. In der Frage der so genannten Laieninvestitur war auch Gregor VII. selbst zumindest in der Situation von 1075 keineswegs absolut unzugänglich[61]. Und sei es auch nur aus Opportunismus nicht! Mißbräuche und Mißstände innerhalb der bis 1056 bestehenden, dann bis 1075 und in der Folgezeit bis 1106 umkämpften Ordnung, auch „Simonie" in jenem schlimmen Sinne des Wortes, lehnte Heinrich IV. ebenso entschieden ab wie seine Vorgänger[62]. Wie Lortz, Barraclough und Engler bewiesen haben, richtete sich der Kampf Gregors VII. und seiner Anhängerschaft gegen das „Ottonianum"! Gerade deswegen bestand Gregor VII. darauf, daß der König die Investitur beschränken sollte auf Erzbischöfe, Bischöfe und Äbte, die bereits „kanonisch gewählt" waren, und anderen bereits „kanonisch" gewählten die Investitur nicht verweigern dürfte, mochte er vorher gefragt worden sein oder nicht, ungeachtet ihrer Eignung oder Nichteignung, ungeachtet seines eigenen diesbezüglichen Urteils. „Kanonische Wahl" bedeutete nach Gregor VII. Wahl durch Klerus und Volk. Gerade sie war bestmöglich geeignet, die Auswirkungen lokaler Einflüsse und die Einwirkungsmöglichkeiten partikularistischer Interessenten, also Kräfte, die sowohl in Deutschland als auch in Oberitalien gegen die Krone wirken konnten, zu vergrößern. Im Hinblick auf die

Papstwahl hatten indes die Reformer in Rom selbst gerade diese Art von Wahl verworfen und abgeschafft! Erschwerend kommt hinzu, daß Gregor VII. selbst entgegen dem Papstwahldekret vom Jahre 1059[64] vom Volk in Rom gewählt worden war! In der Situation des Jahres 1073 gab er sich gegenüber Heinrich IV. noch kompromißbereit. Offensichtlich hat er sich dessen Zustimmung, auf die er ja laut Vertrag vom Jahre 962 angewiesen war, gesichert durch die Erklärung seiner Bereitschaft, die Weihe zu verschieben bis zur Bestätigung durch den König[65]. Zumindest dem äußeren Anschein nach steuerte Gregor VII. mehrere Monate lang einen gemäßigten Kurs und bemühte sich um eine Verständigung. Aber auch diese Zeit war aus Gregors Sicht nur eine Phase eines langfristigen Plans und gehörte zu seiner in Jahrzehnten bis dahin verfolgten „Salami-Taktik"[66]! Die Zeit der sächsischen Wirren nutzte er aus, um 1074 allen verheirateten Priestern in Deutschland die Ausübung ihrer jeweiligen Ämter, besonders das Spenden von Sakramenten, zu verbieten[67]. Im Februar 1075 verbot er die so genannte Laieninvestitur. Zunächst wollte er offensichtlich damit fordern, daß die Ämter von Bischöfen und Erzbischöfen nicht mehr vom König allein besetzt werden sollten. Nach Inhalt und Form war und blieb das Verbot vorerst unklar. In der gegeben Situation war es indes eine Herausforderung der Krone – und ein neuer Verstoß gegen den Vertrag von 962! Es fiel, wie schon oben erwähnt, zeitlich zusammen mit dem in Sachsen tobenden Aufstand. Gregor VII. hatte diese Zeit mit Bedacht gewählt. Auf Heinrichs IV. Anstrengungen nach Ende der sächsischen Wirren, auf seine Versuche, die Probleme der Lombardei in seinem Sinne zu lösen, reagierte Gregor VII. mit dem „Dictatus Papae" und dem berühmt-berüchtigten Ultimatum vom 08.12.1075. Der offene Konflikt war seinerseits „weder unvorhergesehen noch unbeabsichtigt"[69]. Und völlig abwegig ist der Vorwurf der „Simonie": Der König, der ja kein „laicus", sondern „rex et sacerdos" war, vergab weltliche wie geistliche Ämter an Äbte, Bischöfe und Erzbischöfe. Die Inhaber der vom König vergebenen Ämter waren sowohl Geistliche als auch weltliche Herren, also Inhaber höchst verantwortungsvoller weltlicher Ämter, die ebenso eine Art Stellvertretung Gottes bedeuteten wie ihre geistlichen! Von irgendwelchem Schacher mit irgendwelchen der sieben Sakramente kann keine Rede sein! Daß alle Vorgänger Heinrichs IV. großes Interesse bewiesen haben an einer Besetzung der Erzbischofs- und Bischofsämter sowie der Abteien mit fähigsten Männern, daß gerade Heinrich II. „die königliche Kapelle in eine Pflanzschule für Bischöfe umwandelte und so den Episkopat in einem neuen Sinn zu einer „Beamtenklasse" machte, deren Glieder am Hof zu Hause und mit der königlichen Politik vertraut waren"[70], sei ebenfalls vermerkt. Daß die so herausgehobenen geistlichen Herren mit sehr großer Verantwortung beladen waren, daß sie bei dem deutschen König und „Römischen Kaiser" aus den ihnen verliehenen Pfründen auch Steuern zahlen mußten, ist kein Gegenargument[71]. Daß Hildebrand vor wie nach 1073 stets selbst bestimmen wollte, was als „Simonie" zu gelten hätte, gehört ebendahin[72].

Und wie verträgt sich praktisches Christentum, das man Heinrich IV. leichtfertig abzusprechen beliebte, mit Pogromen und mit allen jenen anderen Methoden, mit denen man in Italien wie in Deutschland und anderswo die Ehelosigkeit von Priestern zu erzwingen begann[73]? Die gesamte Vorgeschichte des „Dictatus Papae", des Ultimatums vom Dezember 1075, der Exkommunikation Heinrichs IV. im Jahre 1076 und des 1076 stattfindenden Fürstentages von Tribur ist ja der reinste Kriminalroman! Er beginnt spätestens 1056, wenn nicht gar vorher, also schon vor dem Tode Heinrichs III.!

In ihrem Urteil einig sind Lortz, Barraclough und Engler bezüglich der Ziele Hildebrands, die sich nicht zuletzt im „Dictatus Papae"[74], im oben ebenfalls schon erwähnten Ultimatum an Heinrich IV. vom Dezember 1075, in der Exkommunikation Heinrichs IV. durch Gregor VII. im Jahre 1076 und 1077 in Gregors VII. an die deutschen Fürsten nach seiner Begegnung mit Heinrich IV. in Canossa gerichteten Schreiben manifestieren. Barraclough spricht von „Revolution", Engler von „Welt-Revolution"[75]. Gregor VII. wollte in *einem* Pontifikat, in *einer* Generation nicht nur die Priesterehe beseitigen oder irgendwelche Mißbräuche abschaffen, sondern die gesamte damalige Weltordnung, deren Grundlage der Vertrag von 962 war, umstürzen. Was *allenfalls* auf dem Wege der *Evolution* erreichbar war, wollte er durch *Revolution* und somit durch absolut *unorganische Beschleunigung erzwingen!* An die Stelle der alten, überlieferten und im Ganzen bewährten Ordnung, die oft durch jenen Vergleich mit zwei Säulen einprägsam erläutert worden sein dürfte, wollte er eine *hierokratische* Ordnung setzen, die sich in der bekannt gewordenen Zwei-Schwerter-Theorie manifestierte. Die zwei Säulen der alten und bewährten, durch das „Ottonianum" gesicherten Ordnung waren die geistliche, durch den Papst als den Bischof von Rom, und die durch den Kaiser verkörperte weltliche Macht. Eine Macht kontrollierte wirksam die andere. Die Institution des Römischen Kaisers, der mit dem deutschen König identisch war, blieb das krönende Bindeglied zwischen den beiden Säulen. Die hiervon zu unterscheidende, durch Gregor VII. favorisierte Hierokratie beruhte auf der Vorstellung des Papstes als des höchstgestellten aller sichtbaren Stellvertreter Jesu Christi, der zwei Schwerter besäße, das geistliche und das weltliche: Das geistliche Schwert führten Papst und Kirche selbst, das weltliche delegierte die Kirche, vertreten durch den Papst, an weltliche Fürsten, die es in ihrem Auftrage und nur zu ihren Gunsten zu führen hätten. Diese Auffassung lebt ja weiter in der 1302 von Papst Ponifacius VIII. in der berühmten Bulle „Unam sanctam ...“ verkündeten Zwei-Schwester-Theorie[76]. Alle Inhaber geistlicher, aber auch alle Inhaber weltlicher Macht, insbesondere ein *starker* deutscher König und Römischer Kaiser von Papstes Gnaden[77], sollten dem Papst und der Kirche als Instrumente verfügbar sein. Wer in der damals bekannten Welt innerer, wer äußerer Feind war, sollte der Papst alleine und als oberster Herr bestimmen! Als Weltherrscher! Einen starken deutschen König und Römischen Kaiser, der seine Macht jeweils begreifen würde als von der Alleinautorität des Papstes und der Kirche abgeleitet[78], sollte den Primat des Papstes als des Bischofs von Rom, aber auch die von ihm angestrebte, die Welt umspannende Hierokratie sichern. Mit Hilfe eines ihm unterworfenen Kaisers glaubte Gregor VII. letzten Endes sogar die Griechisch-Katholisch-Orthodoxe Kirche und den in Byzantion regierenden Kaiser unter seine Botmäßigkeit bringen zu können[78]. Für die alte Theorie der beiden gleichberechtigten Partner, der zwei Säulen, von denen die Weltordnung getragen war, blieb im Denken, Wollen und Planen Gregors VII. kein Platz mehr. Hätte sich Heinrich IV. ihm unterworfen, hätte er sich seinem Wollen angepaßt und auf seine Rechte aus dem Vertrag von 962 verzichtet, hätte Gregor VII. ihn auch gegen die ihm feindlich gesinnten hohen Adeligen unterstützt. Der deutsche König und Römische Kaiser als Anwalt der Macht- und Weltherrschaftsansprüche des Papstes, als Bereiter des Weges von bloßer kirchlicher und geistlicher Oberhoheit, zumal von bloßer Unfehlbarkeit in Fragen der Glaubens- und Sittenlehre, zur *Hierokratie* als *päpstlicher Theokratie!* Hiermit entlarvte er sich selbst als einen Utopisten! Er beging folgende vier schwere *Irrtümer*:

Er stellte nicht in Rechnung, daß der Bestand einer solchen neuen, auf Weltrevolution gegründeten Weltordnung abhängig bleiben würde von ihm selbst und von ihm selbst kongenialen

Nachfolgern. Er hatte ja keineswegs in der Hand, was nach ihm selbst kommen würde.

Er irrte auch in seinen Überlegungen bezüglich der neuen Stellung des deutschen Königs und Römischen Kaisers innerhalb der von ihm ausgedachten neuen Weltordnung: Der Kaiser sollte nach vollzogener Trennung von Kirche und Staat nicht mehr „rex et sacerdos" von Gottes Gnaden und „a Deo coronatus", sondern nur noch ein absetzbarer Beamter sein! Trotzdem sollte er gegenüber den stets zur Aufsässigkeit neigenden deutschen Fürsten entsprechend starke Autorität sein und über militärische Macht zu Kriegen gegen den Kaiser in Byzanz verfügen! Fortan sollte der Papst entscheiden können, wann jeweils ein König als rex iustus handelte und wann er zu betrachten und zu behandeln sein würde als beseitigenswerter Tyrann. Für den von Gott gesandten König war kein Platz im Denken Gregors VII. Ebenso wenig für den Weihecharakter der Salbung des Königs aufgrund von Designation durch den Vorgänger. Der König und Kaiser sollte ein dem Papst ergebener Beamter und Krieger sein, der sein Schwert nach Geheiß des Papstes führte. Deutscher König und Römischer Kaiser sollte fortan nur sein, wer seitens der Laienfürsten als „idoneus" ausgewählt und dem Papst jeweils zur Bestätigung vorgeschlagen war. Wie ein Bischof sollte er von unten her frei gewählt, und die Wahl sollte seitens der Laienfürsten dem Papst zur Bestätigung unterbreitet werden. Die „electio", die bis dahin die acclamatio eines bereits designierten Königs gewesen war, sollte fortan eine Wahl im technischen Sinne werden! Kurzum: Von König Heinrich IV. wurde verlangt, er sollte das Reich seines Vaters, seiner Vorfahren und seiner liudolfingischen Vorgänger aufgeben zugunsten eines faulen Friedens mit Papst Gregor VII., die Reichskirche als Eigenkirche Deutschlands und die Erbmonarchie opfern! Vertreter des Reiches sollte nicht mehr er

selbst sein. An seine Stelle sollten die weltlichen Fürsten treten.
Die praktischen Konsequenzen hieraus hatte Gregor VII. nicht
bedacht. Er unterschätzte die zentrifugalen Kräfte, deren Expo-
nenten gerade weltliche deutsche Fürsten waren. Er unterschätzte auch Stehvermögen und geistige Energie Heinrichs IV.
Dies hindert leider nicht, daß Heinrich IV. in der Situation von
1076 sich selbst überschätzt, daß er zunächst geglaubt hat, „per
litteras" Hildebrand feierlich wie praktisch wirksam absetzen
und so die Lage zu seinen Gunsten klären zu können, anstatt
selbst und mit einem genügend starken Heer erst nach Oberitalien zu ziehen, den nötigen Gegenschlag sorgfältig vorzuberei-
ten, dann in Rom einzurücken, dann dort aus einer Position der
Stärke Gregor VII. für abgesetzt zu erklären und danach „urbi
et orbi" die Richtlinien seiner Politik neu zu verkünden; er hätte gemäß dem Beispiel seiner sechs Vorgänger verfahren müssen und wäre dann nicht in das offene Messer der Exkommunikation gelaufen[79]. Wie sehr ihn Gregor VII. und manche der
deutschen Fürsten unterschätzt haben, zeigt sein Handeln im
Jahre 1077, das zu seinem Sieg von Canossa führte. Gregor
VII. irrte auch in Bezug auf das Ausmaß der Solidarität der
deutschen Fürsten, die vor wie nach 1077 gegen Heinrich IV.
kämpften. Diese waren bezüglich ihrer Ziele nämlich keineswegs untereinander so einig, wie die Opposition gegen Heinrich IV. vor wie nach 1075 vermuten lassen konnte. Mit ihren
Sonderinteressen waren nicht nur Denken, Planen und Wollen
Heinrichs IV., sondern auch die Ziele Gregors VII. unvereinbar.
Irrtum liegt auch seinen Plänen bezüglich des Reiches der By-
zantiner zugrunde. Welche Widerstände ein Versuch einer Eroberung mit Hilfe des deutschen Königs und Römischen Kaisers heraufbeschworen hätte und wie wenig dauerhaft eine ge-
lungene Eroberung geblieben wäre, kann man studieren anhand
der Auswirkungen des im 13. Jahrhundert für kurze Zeit instal-
lierten „lateinischen Kaisertums", jenes Symbols eines total

mißglückten Versuchs, Griechen mit Gewalt der Römisch-Katholischen Kirche zu unterwerfen; sie bestanden und bestehen ja nicht zuletzt darin, daß auch heute noch griechisch-katholisch-orthodoxe Christinnen und Christen ungeachtet der im Großen und Ganzen übereinstimmenden Lehre viel lieber mit Lutheranern, Zwinglianern und Calvinisten zusammen arbeiten als mit Angehörigen oder gar führenden Leuten der Römisch-Katholischen Kirche!

Gregor VII. hatte also nicht nur die falschen Mittel gewählt, sondern sich auch die falschen Ziele gesetzt!

Sofern man sich auf den Standpunkt stellen wollte, daß zur nötigen Reform der Kirche und ihres Klerus auf Dauer nicht nur eine größere Zahl ehelos lebender Kleriker, sondern auch eine Trennung von Staat und Kirche zugleich mit Befreiung aller Kleriker von allen politischen Pflichten notwendig sein würde, hätte man auf jeden Fall eine längere Periode des Überganges, etwa 100 Jahre, veranschlagen müssen. Sie hätte dem deutschen König und Römischen Kaiser genügen können, in hinreichend größerer Zahl die „Reichs-Ministerialen" heranzubilden – jene neue Institution, die zur Zeit der Salier im Entstehen war und auf die ich später werde zurückkommen müssen.

Dem Urteil der Leserinnen und Leser mag überlassen bleiben, ob die Geschichte und die Schicksale der Cluniazensischen Bewegung sowie die Art, wie die Cluniazenser nach Gregor VII. bis zum Ende des 12. Jahrhunderts und bis zum Absterben ihrer Bewegung von den Päpsten behandelt wurden[80], ein Ruhmesblatt für die Hildebrandinische Faktion, für Hildebrand alias Gregor VII. selbst oder gar für seine Nachfolger bis zum Ende des 12. Jahrhunderts sind. Das Urteil maßgebender Vertreter des anderen Flügels der Cluniazensischen Bewegung, die unbeirrbar festhielten am Vorsatz, die angestrebten Reformen im Bündnis mit Kaiser und Reich fortzusetzen und zu Ende zu führen, aber gegen Hildebrand und seine politisierende Anhängerschaft unterlagen, ist eindeutig überliefert[81]. Wir brauchen uns nur zu erinnern an Petrus Damiani und Wenrich von Trier[81].

Echte Reformer, denen es ernsthaft zu tun war um das Wohl von Reich und Kirche, hatten keine Chancen gegenüber Hildebrand und seiner Anhängerschaft sowie gegenüber dem weltlichen hohen Adel – so wenig auch die gegen Heinrich IV. opponierenden deutschen Fürsten dauerhaft solidarische Verbündete eines solchen Papstes bleiben konnten. Entsprechendes gilt in Bezug auf die eigentlichen, ursprünglichen Zukunftspläne Heinrichs IV., die er ohne die Störung durch Hildebrand alias Gregor VII. ab Dezember 1075 hätte verwirklichen können. In Bezug auf diese selbst wie auf ihre Vorgeschichte kann an dieser Stelle nur das Notwendigste festgehalten werden.

Als Heinrich IV. endlich großjährig geworden war und die Regierung auch offiziell selbst übernehmen konnte, fand er katastrophale Zustände vor. Innerhalb der Zeit vom Tode seines Vaters im Jahre 1056 bis zu seiner Großjährigkeit im Jahre 1065/66 hatten sich personelle und sachliche Probleme aufgetürmt:

Unter den Leuten, mit denen er zur Zeit der „Regentschaft" seiner Mutter, der Kaiserin Agnes, von 1056 bis 1065/66 zu tun hatte, war niemand vergleichbar mit der Heiligen Adelheid, die Ehefrau Ottos I., Mutter Ottos II. und Großmutter Ottos III. war, mit Prinzessin Theophanu, der Ehefrau Ottos II. und Mutter Ottos III., mit Bernward von Hildesheim oder mit Odilo von Cluny oder Notker von Lüttich oder Markgraf Eckhard von

Meißen[82] oder Gerbert und Friedrich von Ravenna[83]. Kaiserin Agnes, die Ehefrau Heinrichs III. und Mutter Heinrichs IV., war den Anforderungen, die an eine Regentschaft gestellt werden müssen, nicht gewachsen. Ob sie das nötige historische und politische Wissen und Verständnis, ob sie den nötigen Überblick hatte, muß leider dahingestellt bleiben: Alles dies genügt ja nicht, wenn man in der politischen Praxis bestehen will. Der mindestens ebenso notwendige Instinkt für Menschen, das nötige praktische Geschick und das noch notwendigere Durchsetzvermögen gingen ihr ab. Gerade das Unglück der Kaiserin Agnes zeigt, und zwar mit erschreckender Deutlichkeit, wie wenig in der Politik allein christliche Gesinnung, lauteres Herz[84], Frömmigkeit und christliche Nächstenliebe zählen[84]. Ihre „maßgebenden" Zeitgenossen, hohe geistliche wie hohe weltliche Fürsten, nicht zuletzt jener berüchtigte Erzbischof Anno von Köln[85], meinten es sehr gut mit sich selbst sowie mit Behauptung und Erweiterung ihrer eigenen Macht. Die 1056 offenbar gewordenen Schwächen nutzten sie scham- und rücksichtslos aus. Praktisches Christentum mit recht verstandener Gottes-, Selbst- und Nächstenliebe waren ihnen selbst ebenso sehr Nebensache wie Hildebrand alias Papst Gregor VII. und seiner Anhängerschaft. Wie in allen anderen Bereichen menschlichen Lebens, so manifestiert sich in der Politik Nachlässigkeit und Liederlichkeit als Zeugnis von Rücksichtslosigkeit, Lieblosigkeit als Zeugnis von Kurzsichtigkeit.

Wer wirklich seinen Nächsten liebt „wie sich selbst", will für sich selbst wie für seinen Nächsten, für sich selbst wie für alle Menschen, für die er Verantwortung trägt, das jeweils auf längst- und weitestmögliche Sicht Beste! Wie verträgt sich damit jene ab 1056 üblich und wirksam gewordene „Politik", an deren Ende das Reich wirtschaftlich ruiniert war[86]?

Welche andere objektive Schwierigkeiten fand Heinrich IV. bei seiner Großjährigkeit außer dem von Barraclough und Engler markierten „finanziellen Desaster"[86] und den Auswirkungen der Machenschaften unzuverlässiger, egoistischer, kurzsichtiger hoher geistlicher wie hoher weltlicher Fürsten vor? Die diesbezüglichen Darlegungen von Barraclough[87] sind sehr instruktiv und verdienen entsprechende Aufmerksamkeit. An dieser Stelle sei bezüglich dieser Fragen nur noch an folgendes erinnert:

Die Fortschritte, die Deutschland innerhalb der Zeit von 919 bis 1056 gemacht hatte, bestanden darin, daß es ein einheitliches Land und ein einheitlicher Staat geworden war, daß es zusammengehalten werden konnte durch großartige, dauerhafte Traditionen sowie durch einfache, nichts desto weniger starke Ideen, daß kluge und energische Herrscher regierten, die der drohenden Auflösung der Gesellschaft wirksam entgegentreten konnten; desgleichen den Einfällen eroberungs- und plünderungswütiger Barbaren, die von Norden und von Osten her anzurücken suchten.

Die Führung Europas lag fest in deutschen Händen. Dies bedeutete Sicherheit und Ruhe für Europa wie auch Freiheit der Kirche. Die Idee der Erbmonarchie wurde ständig fester verwurzelt. Die Aussichten, Deutschland endgültig und unwiderruflich zu einer starken und stark zentralisierten Monarchie zusammenzuschweißen, besserten sich mehr und mehr. Der Regionalismus war zusammengebrochen. Die Stammesherzöge konnten ihre Macht und Unabhängigkeit, die sie in den ersten Jahrzehnten des 10. Jahrhunderts noch genossen, nicht behaupten. Die Sicherung der Ostgrenze des Herzogtums Sachsen machte die Entwicklung höherer Lebensformen im Nordosten des Reiches möglich. Der kulturelle Austausch bewirkte eine Beseitigung der Unterschiede zwischen Süden und Norden.

Sachsen erreichte den gleichen kulturellen Entwicklungsstand wie Bayern und Schwaben. Städtegründungen trugen dazu bei, Handelsbeziehungen herzustellen und geographische Hindernisse zu überwinden. Landschaftliche Verschiedenheiten wirkten sich nicht mehr so sehr aus wie früher. Der gemeinsame Name für das deutsche Volk, „Teutonici", wurde rasch allgemein gebräuchlich. Innere Befriedung und neue Ordnung führten auch zu wirtschaftlichem Aufschwung. Bevölkerungsvermehrung bedingte Ausbreitung von Bewegungen der inneren Kolonisation und des Landanbaus. Der wirtschaftliche Fortschritt war begleitet von gesellschaftlichen Wandlungen, die noch weiteren Antrieb erhielten durch die ersten Regungen städtischen Lebens und durch Wiederbelebung des Handels, und zwar sowohl des Außen- als auch des Binnenhandels und des örtlichen Handels. Kennzeichnend sind auch wieder fließendes Geld, Steigerung des Werts von Grund und Boden und Wachstum der Städte, sofern sie Absatzgebiete für Überschuß an landwirtschaftlichen Erzeugnissen waren. So wenig man diese Entwicklungen überbewerten darf, so sicher ist der Fortschritt gegenüber dem 9. und dem frühen 10. Jahrhundert erkennbar. Den entscheidenden Schritt nach vorn taten die Liudolfinger. Zu ihrer Zeit und in der Folgezeit war nötig, die Herrschaft über die wirtschaftlichen und gesellschaftlichen Bewegungen zu behaupten und auszunutzen. Das damalige Deutschland „hatte Frankreich und England auf der Bahn des Wiederaufbaus schon weit überholt und war bereits auf dem Wege zu einer modernen Regierungsform, die sich auf der Ausnutzung neuer Hilfsquellen und der Einführung neuer politischer Begriffe aufbaute"[88]. Die Salier erkannten bald nach der Übernahme der Regierung die Notwendigkeit einer neuen Regierungsform, die den bis dahin gewandelten gesellschaftlichen und wirtschaftlichen Bedingungen entsprach. Die ersten drei salischen Herrscher versuchten, ihren Machtapparat den neuen

Erfordernissen anzupassen, die aufstrebenden neuen Klassen um die Monarchie zu sammeln und die neuen Hilfsquellen, die sich anboten, auszunutzen. Die Probleme, die sich ihnen stellten, waren teils Überbleibsel und Auswirkungen von Schwächen der Regierungssysteme der Liudolfinger, teils Ergebnisse der Wandlungen, die sich sowohl in Phasen der Regierungszeit der Liudolfinger als auch besonders im Lauf des 11. Jahrhunderts vollzogen[90].

Außer dem labilen Gleichgewicht, auf dem gerade in der Zeit Ottos I. und seiner liudolfingischen Nachfolger das Funktionieren der Regierung beruhte und dem die liudolfingischen Monarchen nur mit besonders geschickter Personalpolitik und sehr geschickten Improvisationen wirksam begegnen konnten, ohne jenes Element der Unsicherheit beseitigen zu können, wirkte sich die Beschaffenheit der deutschen Gesellschaft aus. Die deutsche Gesellschaft war ja noch lange nicht im gleichen Ausmaß wie die französische „feudal". Daß die Macht der alten Stammesherzöge gebrochen war, ändert nichts am Einfluß des niederen und des hohen freien Adels, der entschlossen blieb, seine aristokratischen Freiheiten um jeden Preis zu verteidigen, sowie am Einfluß von mächtigen Männern der Kirche, deren Sonderinteressen und Ziele nicht übereinstimmten mit denen der Regierung, die ebenfalls nicht bereit waren, die Interessen des Staates als eines Ganzen wie die legitimen Interessen des Königs über ihre eigenen zu stellen. Die Salier sahen sich gezwungen, sich außerhalb des freien Adels nach Unterstützung und nach zuverlässigeren Mitarbeitern umzusehen. Sie fanden sich in den höheren Gruppen einer neuen, in höheren Graden abhängigen Klasse: in der Kirche wie in der weltlichen Verwaltung, als bewaffnete Knechte und als Verwaltungsbeamte. So entstand in Deutschland eine Klasse von „ministeriales"; sie unterschied sich von allen anderen Klassen der feudalen Gesellschaft in Westeuropa. Sie erhielten für treue, gute Dienste Belohnungen nach Art von Vasallen, hatten aber nicht die Privilegien von Lehensmännern und konnten nicht deren Standesprivilegien für sich in Anspruch nehmen. Sie waren an Abhängigkeit und Gehorsam gewöhnt, fügsamer als Vasallen. Macht in ihren Händen konnte nicht gegen den Willen ihrer jeweiligen Dienstherren verwendet werden. Ihre Güter waren übrigens nicht echte Lehen, sondern unfreier Besitz, der Eigentum ihrer jeweiligen Herren blieb. Nach Ende der Einfälle von Slawen, Ungarn und Normannen entfaltete sich wirtschaftliche Tätigkeit. Hierdurch gewannen die Ministerialen rasch an Bedeutung, und sie sonderten sich ab von der großen Klasse der unfreien Pächter. Ihre Rechte wurden ihnen später schriftlich bestätigt, und ihre soziale Position gewann eine feste rechtliche Basis. Offensichtlich waren die großen Kirchen die ersten, die „ministeriales" in ihre Dienste nahmen – als Verwalter kirchlichen Grundbesitzes und als bewaffnete Mannen. Dem Heranwachsen dieser Klasse auf kirchlichem Grundbesitz entspricht zur Zeit der Salier ihr zunehmender Einfluß auf den Domänen der Krone. Wie viele bevorzugte Ministerialen sich zur Zeit der Liudolfinger in der engeren Umgebung des jeweiligen Königs befanden, weiß man offensichtlich nicht genau genug. Konrad II. war der erste deutsche Herrscher, der die königlichen Ministerialen als Stand begünstigte und sie als Verwaltungsstab organisierte. Sein vornehmster Ministeriale hieß Werner: Er wurde der erste weltliche Minister in der Geschichte des mittelalterlichen Deutschland. Er war Aufseher der Finanzen, eine Art von Hauptintendant oder Generalkontrolleur. Im Dienste Heinrichs III. stand Benno, „Maior domus" des königlichen Palastes in Goslar und Hauptverwalter der Krondomänen. 1054 wurde er Bischof von Osnabrück. Dies bedeutete „den ersten Einbruch in die rein aristokratische Verfassung der deutschen Kirche"[91]. Heinrich IV. machte vollends die Ministerialen zum Rückgrat der königlichen Verwaltung. Barraclough[91] verweist – leider ohne Stellenangabe – auf Chronisten der Zeit, die protestierten gegen „vilissimi et infimi homines", mit denen sich Heinrich IV. umgeben hätte und auf die allein er hörte. Aus ihnen sprechen die verärgerten und mißtrauischen Aristokraten, die ihren eigenen Einfluß teils in Gefahr glaubten, teils auch, wie die Entwicklung zeigen sollte, in Gefahr wußten. Die Entwicklung der Klasse von Reichsministerialen war entscheidender Teil, vielleicht auch der Schlußstein des salischen Verwaltungsreformprogramms. Heinrich IV. vollendete es. Die Ziele der Salier waren: Wiedergewinnung und Rückforderung von Krongut sowie Reformen mit dem Ziel stärkstmöglicher zentralisierter Monarchie. Hierzu stimmt der Ausbau von Goslar zur ständigen Residenz mit Kaiserpfalz, Burgenbau (vor allem in Sachsen und Thüringen) sowie deren Besetzung mit Garnisonen schwäbischer Ministerialen von den salischen Gütern in Süddeutschland. Das letzte Ziel Heinrichs IV. war folgerichtigerweise, der Monarchie durch Ausbau der Krongüter sowie durch die Sicherung eines festen, ständigen Einkommens eine neue, stärkere und dauerhaftere Grundlage zu geben. Auf die alten Erbgüter der Salier in Süddeutschland allein glaubte er sich nicht stützen zu können. Daher wollte er vor allem neues Territorium für die Krone in den kolonialen Ländern des Ostens schaffen.

Er strebte mit Energie nach Unabhängigkeit vom Adel durch verbesserte Organisation der Regierung, zuverlässige Ministerialen, reiche Einkünfte[92] und ausgedehnte Domänen.

Gegen welchen Widerstand mußte er seinen Willen durch-
setzen?

Außer gegen den des Adels, besonders des hohen Adels, und
den der freien Bauern, besonders der in Sachsen wohnenden,
die alle ihre verbrieften Rechte in Gefahr glaubten, gegen weitere zwei Entwicklungen des 11. Jahrhunderts, die der Idee der
Monarchie absolut ungünstig waren.

Eine feudale Hierarchie als feste Grundlage der Regierung
schufen die großen territorialen Machthaber Frankreichs in
Frankreich; in Deutschland war zwar die Macht der Stammesherzöge gebrochen, die Liudolfinger hatten ihr Streben nach
stammesmäßiger Unabhängigkeit vereitelt und die Herrschaft
des Königs über die Kirche behauptet. Zu berücksichtigen
bleibt, daß im Vergleich mit den französischen Fürstentümern
die Gebiete, über die deutsche Herzöge zu herrschen versuchten, sehr groß waren, daß jedoch die deutschen Herzöge nie die
gleiche umgreifende und durchgreifende Autorität besaßen, wie
sie in Frankreich seitens der Lehensfürsten ausgeübt wurde.
Nicht einmal in den Jahren oder Jahrzehnten vor ihrem Kampf
mit der Monarchie der Liudolfinger. Die Grafen entzogen sich
der Herrschaft der Herzöge. Die deutsche Kirche blieb könig-
lich und somit nationale Eigenkirche. Ihr Haupt und Schutzherr
war und blieb der König. Außer im Verlauf weniger Jahre vor
Beginn des 10. Jahrhunderts geriet kein deutsches Bistum unter
herzogliche Herrschaft. Die deutsche Kirche der Zeit der Liudolfinger und der ersten Salier war ebenso wenig „feudalisiert"
wie die Verwaltungsorganisation der Grafschaften. Im Gegen-
satz zum deutschen Herzog war der französische Fürst ein Feu-
dalherr und konnte seine Position mit den Mitteln des Lehens-
rechts kraft seiner Stellung in der Lehenshierarchie festigen.
Zur Stellung des deutschen Herzogs im letzten Viertel des 11.
Jahrhunderts trug der Feudalismus wenig bei. Außer dem Un-

terschied zwischen der deutschen und der französischen Gesellschaft des 10. und des 11. Jahrhunderts, der im Fehlen oder zumindest in der Schwäche des Feudalismus in Deutschland besteht, bleibt die unterschiedlich schnelle Entwicklung des Feudalismus in Deutschland selbst zu beachten: So nahm das Herzogtum Lothringen ebenso eine Sonderstellung ein wie Burgund nach seiner Annexion im Jahre 1034 durch Konrad II. Es war ebenso vollständig feudalisiert wie Frankreich. In Bayern war das fränkische Lehenswesen schon zur Zeit Karls des Großen eingeführt worden – schon vor Absetzung des Herzogs Thassilo, den Karl der Große durch fränkische Grafen ersetzte. Aber auch in Bayern wurden die Freien, die nicht Vasallen waren, keineswegs vollständig beseitigt. Vasallität war und galt in Deutschland nirgends als Kennzeichen der Freien. Im Gegenteil! Sie blieb ein Zeichen der Knechtschaft, eine Fessel, die niemand gern tragen wollte. Vor allem kein freier Mann! Die notwendige Einordnung, die ein deutscher Monarch fordern mußte, wurde seitens der adeligen Herrschaften verwechselt mit Unterordnung und Untertanenschaft in einem schlimmen Sinn. Während der Feudalismus in Bayern vergleichsweise schnell Fortschritte machte, konnte er in Sachsen bis 1075 nicht eindringen. Die deutschen Herrscher des 10. Jahrhunderts, die Liudolfinger, waren ja Sachsen und keineswegs darauf eingestellt, feudale Regierungsmethoden anzuwenden. Otto I. behandelte die Grafschaften als Ämter, nicht als Lehen. Er hielt an den karolingischen Begriffen einer nicht feudalen Regierungsform fest. Um sich die Treue seiner Untertanen zu sichern, stützte er sich auf verwaltungsmäßige Ordnungen und nicht auf feudale Verpflichtungen. In Deutschland blieb eine breite Klasse von Freien erhalten, die kein einheitlicher Stand waren[93]. Zwischen den verschiedenen Gruppen der freien Bevölkerung gab es – besonders in Sachsen – Standesunterschiede. Grundherren als freie Adelige mit großem Grundbesitz, die sich als

Glieder einer erblichen Herrenschicht betrachteten und somit maßgeblich eigenständig auf Grundbesitz staatliche Funktionen ausübten, muß man unterscheiden von Gutsherren als freien Bauern, die einzelne Güter besaßen und bearbeiteten. Lehen gilt es zu unterscheiden von „Allod" mit „autogener Immunität". Große wie kleine Freie waren Eigentümer jeweils eigenen Grundes und Bodens. Viele freie Adelige – beispielsweise in Bayern – hatten sowohl Lehen von Herzögen als auch Allodialbesitz.

Allod und Lehen blieben voneinander getrennt und unterlagen, z.B. bezüglich der Erbfolge, unterschiedlichen Rechtsgrundsätzen. In Deutschland gab es so viel Allod, daß die Herstellung eines das ganze Land umfassenden Netzes feudaler Herrschaften unmöglich war. Zur Zeit der Liudolfinger wurde Deutschland keine Verwaltungseinheit. Herzöge suchten daher nach 899 ihre Stellung als militärische Führer (= duces = ducs = dukes) zu verbessern. Indes erstreckte sich dann ihre Macht nur über Personen und nicht über Land. Ihre Autorität war die militärischer Befehlshaber über ihre Leute, in Friedenszeiten konnten sie schwerlich eine Autorität geltend machen, die nur in Kriegszeiten gerechtfertigt war. Die freien Stände wachten eifersüchtig über ihre Freiheit. Als Eigentümer eigenen Grundes und Bodens hatten sie ein festes Fundament, auf das sich ihre unabhängige Haltung stützen konnte. Die Herzöge konnten ihre Autonomie gegenüber den Königen nicht behaupten. Hierdurch wurde der Weg frei für die Erweiterung der Rechte und der Privilegien der Adeligen. Aus dem wirtschaftlichen Aufschwung zogen sie Nutzen. Der Adel verstärkte somit seine Stellung zwischen 950 und 1050.

Der zweite bestimmende Faktor, der den Plänen der Salier, besonders denen Heinrichs IV., ungünstig war, besteht in der Hochflut von Gründungen neuer Klöster, die im 11. Jahrhundert die Beziehungen zwischen der deutschen Monarchie und der deutschen Kirche veränderten. Die Masse der neuen Klöster war nämlich von ihren jeweiligen Stiftern und nicht von der Krone abhängig. Lange Zeit hatte der Klerus Anlaß gehabt, gegen die Gewalttätigkeit adliger Herren zu protestieren und den König um Hilfe zu ersuchen. Plötzlich waren diese Adeligen interessiert an Reform der Klöster und an neuen Klostergründungen. Dies erklärt sich damit, daß einem adeligen Herrn, der nicht Priester war, eine religiöse Stiftung, die er entweder begründete oder reformierte oder wiederherstellte, als Eigentum praktisch gehörte; er konnte ihre Einkünfte für sich selber nutzbar machen. Dies brachte ihm mehr ein als Beraubung! Mit Hilfe neuer Klostergründungen konnte der Adel im 11. Jahrhundert seine wirtschaftliche Position ausbauen. Die Arbeit der Erschließung und Kolonisation des Landes leisteten die Mönche, und die adeligen Herren zogen die Gewinne ein. Sie dachten nicht daran, irgendetwas vom Gewinn dieser Arbeit der Krone zufließen zu lassen. Aber sie verlangten, daß der König den Gewinn dem Klerus und somit ihnen selbst zufließen lassen sollte! Bis zur Mitte des 11. Jahrhunderts konnten sie noch weithin unter doppelten Druck gesetzt werden: den des Königs, der die deutsche Kirche geeinigt wissen wollte, und den der Kanoniker, die nach Freiheit verlangten, wie sie allein der König geben konnte. Als dann Leo IX. Papst wurde (er regierte von 1049 – 1054), trat ein Wandel ein. Bis dahin war die Freiheit geschützt durch Unterstellung der Klöster unter den König. Dieser Freiheit wurde nunmehr eine neue „Freiheit" gegenübergestellt: Sie war oder schien gesichert durch die Unterwerfung unter den Papst. Die neuen, der Cluniazensischen Reform verpflichteten Häuser wurden fast ohne Ausnahme dem Papst unterstellt und rechtliches Eigentum St. Petrus und seines Stellvertreters in Rom. Indes war die Herrschaft des Papstes bis 1073 meist nur nominell gegeben. Der Papst war ja weit weg!

Eine leere Unterwerfungsgeste sollte die adeligen Stifter praktisch dem König als Klosterherrn gleich machen[94]! Auch hierdurch verstärkte sich die Position des Adels. Aber auch der Einfluß der Hildebrandinischen Faktion, die ein neues Potential gewann, das sie bei Abkehr von den ursprünglichen Zielen der Cluniazensischen Reform gegen Kaiser und Reich „umdrehen" konnten! Man denke dabei auch an die Propagandisten, die sie unter diesen Mönchen gewannen!

Dies alles erklärt auch das Ausmaß des Widerstandes, den sie dem Regierungs- und Reformprogramm der Salier, insbesondere dem Heinrichs des Vierten, entgegensetzten. Desgleichen, warum und mit welchen Mitteln sie wagen konnten, Heinrich IV. in der Situation von 1076, also nach seiner Exkommunikation, aber auch nach seiner Begegnung mit Hildebrand alias Gregor VII. in Canossa, also auch nach dem Februar 1077, nicht nur im Stich zu lassen, sondern ihn auch später – nach dem Februar 1077 und nach dem Tode des „Pfaffenkönigs"! – derart erbittert zu bekämpfen.

Spaltungen im deutschen Staat als Ergebnis der wachsenden Macht des Adels[95] und der Bruch innerhalb der deutschen Kirche bestimmten das Handeln Heinrichs IV. vor wie nach 1077. Die Energie, mit der er bald nach 1065/66 handelte und den Widerstand des Adels weckte, erklärt sich aus den Erfahrungen seines Vaters, aus seinen eigenen Erfahrungen und seinen eigenen Erlebnissen nach 1056 und mit seinen Zielen. Heinrich III. und Heinrich IV. wollten letzten Endes das deutsche Königtum und die deutsche Verfassung umbilden. Hierzu war zuerst nötig, Sachsen für die Krone zu sichern. Die vergeblichen Versuche Heinrichs III., Lothringen ganz in königliche Hand zu bringen, das Spiel der partikularistischen Interessenten von 1056 bis 1075/76 und Einzelheiten des Kampfes Heinrichs IV. gegen die sächsischen Partikularisten können hier nicht dargestellt werden[96]. Angemerkt werden soll an dieser Stelle nur, daß die Kräfte, die sich 1072/73 gegen Heinrich IV. richteten, heterogen waren und blieben, daß Heinrich IV. die Spaltungen in den Reihen seiner Gegner geschickt auszunutzen, die Masse des sächsischen Volkes, die sich seitens ihrer adeligen Führer 1075 nutzlos geopfert fühlen mußte, mit sich selbst und mit seiner Politik zu versöhnen verstand.

Mit seinem Sieg von 1075 waren endlich die noch fehlenden Voraussetzungen geschaffen, unter denen er endlich tun konnte, was er immer gewollt hatte. Die Beseitigung des alten Herzogtums Sachsen, seine Regierung durch königliche Beamte und seine Umwandlung zur Zentrale einer starken Monarchie mit Goslar als Hauptstadt war Erfüllung des Programms der Salier. Nach Barraclough 88 f. eilte Heinrich IV. mit seiner Leistung aus mehr als einer Sicht der Dinge den Leistungen der anglonormannischen Dynastie voraus. Barraclough 89 vergleicht seine Politik mit der Heinrichs II. von England im 12. Jahrhundert und mit der Monarchie Frankreichs unter Philipp II. August. Ohne Gregor VII. wäre das Jahr 1075 der Beginn neuer Regierungsformen in Deutschland und die Zeit einer neuen Zusammenfassung der nationalen deutschen Kräfte unter Führung der Monarchie geworden. Daß die Maßregeln Heinrichs IV. hart sein mußten, hatte nicht Heinrich IV. selbst zu vertreten. Sie schlossen eine „Verheißung für eine gesunde Entwicklung der deutschen Verfassung und des deutschen Lebens ... in sich". „... Der Lauf der deutschen Entwicklung von 911 bis 1076 war, so viele Schwierigkeiten es zu bestehen und so viele Rückschläge es hinzunehmen gab, gesund und fortschrittlich; schon hatte Deutschland die Bahn beschritten, die fünfzig und mehr Jahre später die Normannenherrscher in England einschlugen und die die französischen Capetinger kaum vor der zweiten Hälfte des 12. Jahrhunderts erreichen sollten ..." (Barraclough 89).

Alles, das Barraclough nach seinem eigenen Urteil zu aufrichtiger Darstellung der gesellschaftlichen Verhältnisse und Entwicklungen nur unvollkommen beitragen konnte, kann an dieser Stelle naturgemäß noch weniger leicht adäquat geschildert werden. Hätte Heinrich IV. das Werk seiner Vorgänger und vor allem das seiner salischen Vorfahren vollenden können, dann wäre die von ihm dauerhaft gesicherte Monarche ein neues, konstantes Element der Stabilität in Europa geworden. Dieser Staat hätte dann nie „etwas Ausschließendes" an sich gehabt, und mit dem Weltganzen wäre er fest verbunden geblieben! Innere Stärke und zunehmende innere Sicherheit hätten auswärtige Beziehungen in sich geschlossen. Sie hätten dann gleichsam ausgestrahlt, dann auf dieses Reich und dieses Volk zurückgestrahlt! Die Zeit, die der Frieden in Europa dauerhaft in sicherstmöglichen Händen hätte liegen können, wäre voraussehbar geworden. Eine Umgestaltung der Verfassung dieses Staates zu einer zeitgemäßen, aus der Praxis erwachsenden Mischverfassung wäre indes auf die Dauer – sei es früher, sei es später – notwendig geworden: Umgestaltung durch vorsichtig dosiertes Hinzufügen aristokratischer, demokratischer und föderalistischer Elemente – im Lichte der Erfahrungen, die die Folgezeit hätte vermitteln können. Ohne Preisgabe der Erbmonarchie! Gregor VII. alias Hildebrand ist ebenso wie der hohe Adel und die hohe Geistlichkeit schuld daran, daß hieraus nichts wurde, daß ab 07.08.1106, also seit dem Tode Heinrichs IV., über 700 Jahre hin und in der Folgezeit bis 1949 deutsche Geschichte eine einzige und einzigartige Krankengeschichte blieb! Daß Deutschland und das deutsche Volk von 1106 an über 1806 hinaus bis 1949 mit Fehlern und Unzulänglichkeiten behaftet blieb, die ihm nicht angeboren, sondern anerzogen wurden!

So wenig wir über Herkunft und Jugend jenes Mönchs Hildebrand oder gar über seine als unvorteilhaft wirkend dargestellte Erscheinung wissen[97], so sicher ist zumindest der Verdacht begründet, daß er voller Selbsthaß, zumindest jedoch voller Unzufriedenheit mit sich selbst war. Soweit sich über Jahrzehnte hin sein Werdegang und sein Handeln beobachten ließ, übte er eine Faszination vor allem auf Menschen aus, die sich in ihrem Leben benachteiligt, also „zu kurz gekommen" glaubten, auf Mißvergnügte, die sich an glücklicher und erfolgreicher scheinenden, von der Natur begünstigten und in höheren Graden begabten Menschen glaubten rächen zu müssen[98]! Dies Motiv ist nach Leopold Ziegler „... eine stärkere und vielleicht häufigere Triebfeder ... zur Revolution als selbst Armut und Verelendung, Not und Unterdrückung ....."[98]. Ebendahin gehört nach Ziegler, „... daß unheilige, weil aus schuldhafter Selbsterniedrigung geborene Selbstverachtung ihrerseits und unabweisbar Selbsthaß gebiert. Selbsthaß aber Menschenhaß in vielerlei Gestalt als Nächstenhaß und Völkerhaß, als Rassenhaß und Klassenhaß, als Massenhaß und Welthaß. Wer diesen Psychologismus in Anschlag zu bringen vergißt, zutiefst eine Art von psychochemischer Analyse innermenschlichen Kotes, wird notwendig und immerdar einen wichtigsten Ansatz zu jeder geschichtlichen Revolution verfehlen ..."[98]. Revolutionäre in jenem schlimmen Sinne sind ja geschädigte Menschen, die „nichts Heiles sehen" können, die die unüberwunden in ihnen selbst verbliebenen und weiter wirkenden „sathrá" auf Gesunde oder Genesende mit Gewalt übertragen, als Zerstörte oder teilweise Zerstörte Andere zerstören wollen. Was auch immer sie selbst an zerstörendem Ungemach erfahren haben, wollen sie unter allen Umständen an Jüngere, an Erfolgreichere und Zufriedene weitergeben. Gerade junge Menschen sind für sie gut genug als „seelischer Schuttabladeplatz"! Charakteristisch ist auch jene „Pataria", die Bewegung der „Patarini"[99], die sich nicht nur als Opposition gegen einen mißliebigen Mailänder Erzbischof, sondern auch durch Pogrome, nicht zuletzt durch Anstiftung zu Ausschreitungen gegen verheiratete Priester, hervortaten!

Bleibt die Frage, was an den hier behandelten Phänomenen einmalig, was erkennbare allgemein gültige Lehre ist:

Ohne den Verlauf des Fürstentages von Tribur im Jahre 1076 (nach der Exkommunikation Heinrichs IV.!)[100] wären diese tatsächlichen Verhandlungen Heinrichs IV. mit Gregor VII. in Canossa weder nötig noch möglich geworden. „Gedemütigt" wurde Heinrich IV. nicht in Canossa, sondern in Tribur. Die Tage von Tribur wären undenkbar ohne die Feigheit, den Opportunismus, den Zynismus, die Kurzsichtigkeit und den Verrat der Fürsten, z. B. eines Otto von Northeim und eines Rudolf von Schwaben, des späteren „Pfaffenkönigs". Sie wären aber auch undenkbar ohne die einmaligen, mit starkem Willen begabten Individuen, die Hildebrand alias Gregor VII. und Heinrich IV. waren. Auch die Macht und die Wirkung der Exkommunikation auf allzu Autoritätsgläubige ist nicht wegzudenken. Alle diese Faktoren zusammen führten erst zum Fürstentag von Tribur (1076), dann zu den Verhandlungen Heinrichs IV. mit Gregor VII. in Canossa im Februar 1077, deren Ergebnis Heinrich IV. kraft seiner Fähigkeiten und seiner Energie durchsetzte. An den günstigen Begleitumständen, die auf jene Vorgänge im Dreieck Canossa-Bibianello-Reggio-nell'Emilia einwirkten, hat Heinrich IV. einen hervorragenden Anteil – so wenig die gute Hilfe des Abtes Hugo von Cluny, der Markgräfin Matthilde und des lombardischen Heeres, das bei Reggio-nell'Emilia mit damals noch nicht erfundenem Gewehr bei Fuß stand, unterbewertet werden sollen[101]. „Tribur" und „Canossa" wie es wirklich war, gehören also in ihrer Einmaligkeit zusammen. Jedes von beiden ist nur möglich geworden wegen der genannten Faktoren und wegen der personellen Konstellationen.

Und wie steht es diesbezüglich mit dem 1075 ausgebrochenen Konflikt? „Dictatus papae" und das am 08.12.1075 an Heinrich IV. gerichtete Ultimatum wären undenkbar ohne die Entwicklungen der Zeit von 1056 bis zum Sieg Heinrichs IV. über seine innerdeutschen Widersacher: ohne den frühen Tod Heinrichs III., die lange Zeit der Minderjährigkeit Heinrichs IV. und die Schwächen der „Regentschaft" der Kaiserin Agnes. Und ohne das praktische Verhalten kurzsichtiger deutscher Fürsten!

Ohne diese drei Faktoren hätten die für die Salische Politik ungünstigen Sachverhalte, z. B. die in Deutschland gegebenen gesellschaftlichen Verhältnisse sowie die Bestrebungen Hildebrands und seiner Anhängerschaft, deren „Salami-Taktik" ja schon vor 1056 erste Wirkungen zeigte, niemals zu den Vorgängen von 1059, 1073 und 1075 geführt.

Der von Hildebrand geschürte Konflikt hätte zwar vielleicht längere Zeit weiter geschwelt, aber nie die allgemein bekannten Formen angenommen. Alles andere wäre möglich gewesen – nur nicht das „Desaster" Deutschlands von 1065/66, die harten Auseinandersetzungen Heinrichs IV. mit dem sächsisch-thüringischen Adel und die Situation vom Dezember 1075!

Der frühe Tod Ottos II. und die lange Zeit der Minderjährigkeit Ottos III. sowie der frühe Tod Heinrichs III. und die lange dauernde Minderjährigkeit Heinrichs IV., die Problematik und die Risiken jeder Regentschaft haben oft dazu geführt, daß man die Monarchie als solche glaubte in Frage stellen zu müssen. Spätere Entwicklungen haben sogar dazu geführt, daß man die Vereinigung von königlichem Pomp und großer politischer Macht glaubte ablehnen zu müssen, weil dies einen einzelnen Menschen überfordern müsse. Man muß sich indes daran erinnern, daß letzten Endes weniger die Staatsformen und die Institutionen als die Menschen wichtig sind. Daß von allen Demokratien, die uns aus der Geschichte bekannt sind, keine der anderen gleicht, daß Demokratie und Demokraten immer in Wechselbeziehung zueinander stehen, kann man aus der Geschichte lernen. Entsprechendes gilt in Bezug auf Aristokratien und Monarchien. Sofern wir aus der Geschichte Staaten kennen mit aus der Praxis erwachsenen Mischverfassungen, in denen jeweils monarchische, aristokratische und demokratische Elemente individuell verschieden gemischt waren, hatten Weisheit und Reife der jeweils Regierenden wie der jeweils Regierten den für Gedeih und Verderb entscheidenden Einfluß. Die auf ihre Art einmaligen Ereignisse, Entwicklungen und Sachverhalte, die zu richtiger Beurteilung des ersten deutschen Staates wichtig sind, machen keineswegs die Macht der Monarchie oder das „Ottonianum" oder die Regierungszeit Heinrichs III. problematisch. Zum „Ottonianum" gab es keine Alternative. Es bedurfte indes der von den ersten drei Saliern konzipierten und betriebenen Ergänzung mit Anpassung an neue Entwicklungen.

Über Alternativen zum deutschen Einheitsstaat hat man oft – bald mehr, bald weniger laut – nachgedacht. Auch in den Zeiten Konrads I., Heinrichs I. und Ottos I. Hätte es ohne die Liudolfinger und die Salier im 10. und im 11. Jahrhundert eine geben können? Allenfalls zu Zeiten Rudolfs I. von Burgund, der von 888 bis 912, und seines Sohnes, Rudolfs II., der von 912 bis 937 regiert hat[102]. Außer den Liudolfingern und den Saliern konnte spätestens ab 937 niemand die Probleme Mitteleu-

ropas und der Alpenländer lösen. Auch Italien, besonders Oberitalien, und Burgund wäre es ohne die Liudolfinger und die Salier noch schlechter gegangen. Das „Ottonianum" und seine Ergänzung durch das Regierungsprogramm der Salier hätten also
niemandem geschadet: weder Deutschland noch Italien noch
Burgund. Am allerwenigsten der Kirche!

Man muß sich also vergegenwärtigen, was „Canossa" nicht
gewesen sein kann, wie wenig der so genannte Investiturstreit
seinen Namen verdient, mit wie wenig Recht man den deutschen König und „Römischen Kaiser" als „laicus" betrachten
und behandeln, mit wie wenig Recht man ihm „Simonie" als
Schacher mit heiligen Sakramenten vorwerfen, mit wie wenig
Recht man Liudolfinger und Salier der Kirchenfeindlichkeit,
der Papstfeindlichkeit oder eines „Staatskirchentums" oder eines „Caesaro-Papismus" oder eines „Josephinismus" bezichti-
gen darf. Entsprechendes gilt in Bezug auf die mannigfach
falsche Bewertung der Politik Heinrichs I. und aller seiner ersten sieben Nachfolger[103]. Man darf nicht verkennen, daß Wesen und Ausdehnung des Reiches von ihnen stets genau umschrieben, daß auch ihre Ziele eindeutig bestimmt und abge-
grenzt waren, daß sie nichts zu tun hatten mit Streben nach
universaler Herrschaft oder nach Oberherrschaft über das gesamte westliche Europa. Versuche einer Erneuerung des Reiches Karls des Großen lagen ihnen folgerichtigerweise ebenfalls fern. Furcht vor Deutschen als Oberherren über andere europäische Länder und Völker, z.B. über Frankreich,
verursachten und verbreiteten sie bestimmt nicht.

Für Otto I. und seine Nachfolger „war die Ausdehnung und
deshalb der Auftrag seines Reiches streng begrenzt auf die Lan-
de, über die er herrschte oder die Oberhoheit hatte: Deutschland, Italien und Burgund. Und weil seine Herrschaft sich über

drei regna erstreckte, bildeten seine Länder zusammen ein imperium. Dieses imperium wurde wegen seiner traditionellen Verbindung mit der Kaiserwürde gleichgesetzt mit dem imperium Romanum; aber, wie einer der größten Geschichtsschreiber des mittelalterlichen Reiches mit Recht betont hat: „Es fiel nicht zusammen mit der res publica christiana, und seine Grenzen deckten sich nicht mit denen der westlichen Christenheit"[88].

Weder Otto I. noch einer seiner Nachfolger im Verlauf des folgenden Jahrhunderts hegte den Ehrgeiz, die westliche Welt zu beherrschen. Es liegt daher viel Wahrheit in der Ansicht, daß Dienst, nicht Herrschaft der Grundton des Reiches gewesen sei[59], in dem Sinne, daß seine Begründung einen neuen Geist der Ordnung und der Sicherheit in die von Anarchie gequälte Welt brachte. Und sicherlich werden wir gut daran tun, auch mehr auf den Nutzen zu achten, den es brachte, als auf die Vorteile, die sich daraus ziehen ließen ...[104]. Diese Feststellungen hat Barraclough im Jahr 1945/46 zu Papier gebracht!

Hoffentlich wird hieraus nunmehr wenigstens einigermaßen deutlich, was nicht länger kritiklos nachgebetet werden sollte, welche Art des Betruges man der Jugend von heute nicht mehr zumuten darf, wie notwendig besseres, gründliches Verstehen deutscher Geschichte der Zeit von 911 bis 1106 zu besserem Selbstverständnis Deutschlands und besonders seiner Jugend ist. Gerade sie muß begreifen, welche unverantwortliche Elemente sie auch heute wieder als eine Art seelischen Schuttabladeplatz es mißbrauchen wollen! Welche „reformatio" der Kirche damals seitens der Cluniazenser im Zusammenwirken mit Kaiser und Reich notwendig und möglich gewesen wäre, wird hoffentlich ebenfalls klar. Desgleichen, wer dafür verantwortlich ist, daß sie damals und auch in der gesamten Folgezeit bis heute letzten Endes nie stattgefunden hat! Ebenso, durch wessen „Politik" göttliches Recht und Menschenrechte „auf der Strecke geblieben" sind!

St. Blasien, 07.08.1992

1   Vgl. seine Bücher „Geschichte der Kirche" (22./23.
    neu bearb. Aufl.; ersch.: Münster: Aschendorf 1962, 2
    Bde); besonders S. 282-289; 297-306; 307 ff.; 310-311;
    312-318; 319 f.; 320-328 und „Die Reformation in
    Deutschland" (insgesamt 6 Auflagen; 2 Bde; 1. Aufl.
    1939/40; 4. Aufl. 1962; 6. Aufl. 1982; ersch.: Freiburg
    i. Br.: Herder-Verl.; die kirchliche Druckerlaubnis zur
    4. Aufl. schrieb übrigens am 15.06.1962 der damals
    amtierende Generalvikar der Erzdiözese Freiburg i. Br.,
    Prälat Dr. Ernst Föhr, aus. 6. Aufl. unverändert neu
    hrsg. 1982 mit Nachwort von Peter Manns. Nach ihr
    wird hier in den folgenden Abschnitten zitiert.)

2   1. Ausgabe des englischen Originals 1946; 2. revidierte
    Aufl. 1947 bei Basil Blackwell, Oxford; nachgedruckt
    mehrere Male, zuletzt 1979; neu hrsg. mit neuer Bi-
    bliographie 1988 (ISBN 0 631 181066). Deutsche
    Übertragung in 2. durchges. Aufl. von Friedrich Baeth-
    gen (ersch.: Weimar: Hermann Böhlaus Nachfolger
    1955), erste vier Teile von S. 1 bis S. 335. Mit deut-
    schem Vorwort des Verfassers vom Dezember 1952. In
    diesem Zusammenhang besonders wichtig die Seiten
    64-150, besonders 64-91 u. 91-122. Nach dieser Über-
    tragung wird in den folgenden Abschnitten weiterhin
    zitiert.

3   1. Aufl. 1988; ersch. Bei Türmer-Verlag in D 8137
    Berg 3 bei Leoni am Starnberger See. Der Verfasser ist
    promovierter Völkerrechtler der Universität Königsberg.

4   S. 1-19, besonders 13 f.; 14 ff. der oben genannten 6.
    Aufl. von „Die Reformation in Deutschland" in unver-
    änd. Neu-Ausg. Von 1982.

5   Lortz, a. a. O. 15-20.

6   Lortz 20-147

7   S. 112 in der oben erwähnten "deutschen Übertragung"
    (vgl. Anm. 2).

8   Vgl. Barraclough, a. a. O. 335 u. A. 73 auf S. 366 mit
    Hinweis auf E. Vermeil, Germany's Three Reichs
    (1944), S. 45.

9   Vgl. Engler 327-332: 327-329 mit Übersetzung des Be-
    gleitschreibens des Königs an Hildebrand; 329-330 das
    eigentliche, vom König stammende Absetzungsdekret:
    Die am Ende jedes der beiden Dokumente im Vokativ
    stehenden Epitheta fehlen im lateinischen Original:
    nur eine Handschrift hat am Ende des ersten dieser bei-
    den Dokumente „per saecula dammande". Vgl. auch
    Barraclough 98; 99 f.

10 Engler 332 f.; 334; dazu Barraclough 99 f.

11 Engler 333 Mitte

12 Engler 335-347; besonders 343-346, ganz wichtig 345
    Mitte; 346 f. mit Hinweis auf den für den 02.02.1077
    von Papst Gregor VII. vorgesehenen „Reichstag", der
    nach dem Plan des Papstes in Augsburg stattfinden
    sollte – mit dem Papst als Gerichtsherrn über König

Heinrich IV. Tatsächlich war der „Reichstag" nur ein Fürstentag! Vgl. auch Barraclough 99 Mitte; 110 f.

13   Engler 346; Barraclough 110.

14   Engler 28-34, besonders 32 f.; 348-367, besonders 353-358; Barraclough 111.

15   Engler 358-364; 364-367; Barraclough 111.

16   Engler 366 Mitte; dazu 366 Ende u. 367; Barraclough 112.

17   Engler 34

18   „Die Briefe Heirnichs IV.", hrsg. V. Carl Erdmann (ersch.: Leipzig, Verl. Karl Hiersemann 1937, als Nr. 1 in der Serie „Deutsches Mittelalter. Kritische Studientexte des Reichsinstituts für ältere deutsche Geschichtskunde (Monumenta Germaniae Historica)"); dort besonders S. 12-17.

19   Engler 34; besonders 34-37; Barraclough 75.

20   Engler 35 Mitte

21   Engler 35 f.

22   Engler 36

23   Engler 36

24   Barraclough 75

25   Engler 36; 37-42.

26   Man möge sich erinnern an Tacitus; er hat ja oft nicht recht mit seinen Deutungen dargestellter Tatsachen oder Entwicklungen oder mit verhüllten Verdächtigungen (= rumores), die gegen Personen gerichtet sind, in die er eigene Erlebnisse mit ähnlich scheinenden eigenen Zeitgenossen hineinprojiziert; er hat jedoch zumeist recht in der Darstellung der Tatsachen selbst und in der Art des Umganges mit den Quellen. Lambert ist freilich kein Tacitus!

27   Solche Fälle kennen wir ja aus der Entwicklung der griechischen wie der römischen Geschichtsschreibung zur Genüge!

28   Engler 32 f.

29   Vgl. Sall., Bell. Iug. 33,1: "… Igitur Iugurtha contra decus regium cultu quam maxime miserabili cum Cassio Romam venit …". Dazu 67,1 des "Bellumg Alexandrinum" von C. Iulius Caesar: „… Deiotarus … depositis regiis insignibus neque tantum privato vestitu sed etiam reorum habitu supplex ad Caesarem venit oratum ut sibi ignosceret … ». Die Versuchung, zu behaupten, daß jede dieser beiden Stellen Papst Papst Gregor VII. als Stilmuster, als literarisches Vorbild, gedient haben, ist für mich nicht gering.

30   „… discalceatus et laneis vestibus indutus": so Gregor VII.; Donizo und Lambert von Hersfeld schreiben "pedibus nudis".

31   Engler 360; 361, besonders 361 Mitte.

32   Engler 358 f. mit wörtlichem Zitat in deutscher Spra-
        che und einleuchtender Deutung!

33   Engler 367

34   Dies geschah ja auch in Notzeiten unseres Jahrhunderts
        sehr oft im Kleinen und im Großen! Vgl. Ernst v.
        Weizsäcker, Erinnerungen (ersch.: Freiburg i. Br.: Paul-
        List-Verlag 1950, hrsg. Von Richard von Weizsäcker),
        S. 359 f., besonders 359 Ende u. 360 Anf.: Ernst von
        Weizsäcker zeigt, wie sehr die Bevölkerung von Rom
        in den Situationen von 1943 und 1944 Schutz und
        Rückhalt beim Papst Pius XII. gesucht, „die Stadt ihre
        italienischen Nationalgefühle gegen ihre alten kosmo-
        politisch-kirchen-staatlichen wieder ausgetauscht" hatte
        und fährt dann fort: „... In ihrer Bedrängnis suchte die
        Bevölkerung jeweils Anlehnung nicht an dem Palazzo
        Venezia oder am Quirinal, sondern bei San Pietro. Es
        wäre damals eine Kleinigkeit gewesen, den Kir-
        chenstaat über Rom und Umgebung einzurichten; viel
        wurde darüber geredet. Die Kurie hatte aber allen
        Grund, solche Risiken zu scheuen...". Dann weist
        Weizsäcker auf die damals gegebenen, einem solchen
        Unterfangen entgegenstehenden praktischen Schwierig-
        keiten hin.

35   Besonders ernst nehmen sollte man gerade in diesem
        Zusammenhang die Warnungen des oft mißverstande-
        nen Aurelius Augustinus, die über die 22 Bücher seines
        Werkes „De Civitate Dei" verstreut sind.

36   Ich würde mich nicht wundern, wenn sich in neuen und neuesten Darstellungen diesbezüglicher Forschungsergebnisse klar und instruktiv gerade die Stellen aus den 22 Büchern dieses Werkes herausgehoben und interpretiert finden ließen, die herzerfrischend eindeutige Aussagen enthalten über die Antworten des Augustinus zur Frage der Entstehung und Bestimmung des Staates! In der Vergangenheit haben ja oft auch geniale Leute einseitig oder gar falsch geurteilt! Beispielsweise der große Jurist Georg Jellinek, der in seinem Aufsatz „Adam in der Staatslehre" die vermeintliche Identität von „civitas terrena" und menschlichem Staat nicht nur behauptet, sondern auch zur Grundprämisse aller seiner weiteren Folgerungen gemacht hat!

37   Barraclough 1-64; 64-76; 76-83; 83-90; 91-99; besonders 100-108; 109 f.; 110-113; Engler 11 f.; 13 f.; 30 f.; 43 f.; 51-150; 151-168, 169-193; 194-222; 223-236; besonders 227-231; 236 f.; 238-246; 246-255; 256-258; 259; 260-265; 266-278; besonders 274 f.; 279-283; 284 f.; 285-331, besonders 317 f.; dazu 318-323; dann 334.

38   Engler 53 f.

39   Engler 99 f.

40   Vgl. die instruktiven diesbezüglichen Darlegungen Englers 101-111, besonders 110 Mitte.

41   Engler 94 ff.; 97; 98; 99 f.; 101-117, besonders 116 Mitte u. Ende; 117.

42   Engler 132; 133-134; 135-138; 139-146; 147-150.

Steht nicht in Widerspruch zu Barraclough 1 ff.

43 Beide schreiben übrigens auch sehr instruktiv über bedeutendere, in diesen Zusammenhängen wichtige Probleme des Rechts im Mittelalter, nicht zuletzt des fränkischen Erbrechts und des Eigenkirchenrechts.

44 Barraclough 12 f.; Engler 193 f.; 184 Mitte; 185-187.

45 Enlger 217 f.; 222; 223 f.; 225. Dazu Barraclough 17 u. 340 A. 14.

46 Dies hätte vielleicht damals schon berechtigten Protest und Protestantismus provoziert!

47 Was man gegen das sittliche Leben (uneheliche Kinder z. B.!) von Karl dem Großen, Heinrich I. und Otto I. vorbringen kann und muß, kann man auch manchem Papst, manchem Erzbischof, manchem Bischof, manchem Abt, manchem Priester vorwerfen. Auch manchem, der offiziell im Zölibat lebte!

48 Engler zeichnet sie ausführlicher und sehr anschaulich nach: 196-204; 205-209; 210-212; 225 f.; 228-233; Ergänzendes bei Barraclough 46 f., 48; 49 f.

49 Engler 228 ff.

50 Engler 174 f.; 230 f. (mit Erläuterung des „Ottonianum").

51 Vgl. Barraclough 1 f. zur Kaiserkrönung Karls des Großen im Jahre 800. Zur Kaiserkrönung Ottos I. im

Jahre 962 Barraclough 47-50, besonders 48 f. mit Widerlegung alter Irrtümer; dazu 50 ff.

52   Engler 231

53   Engler 231-235

54   Vgl. Engler 245-283; Barraclough23; 24; 25 f.; 27-32; 33-38; 39 f.; 40-47; 48 ff., 50-56; 57-64; 64-69.

55   Man muß von den Entwicklungen der Zeit bis zu Heinrich IV. auch scharf alles trennen, das unter dem Einfluß Heinrichs V., des letzten Königs und Kaisers aus der Dynastie der Salier, und nach Heinrich V. möglich wurde. „Das Mittelalter" ist ja ebenso wenig eine Einheit wie „die Antike"! Der Einschnitt, der mit dem Tode Heinrichs IV. am 07.08.1106 unwiderruflich gegeben ist, kann in seiner Bedeutung nie übertrieben wichtig eingeschätzt werden. Warum wurde und wird er jedoch dessen ungeachtet unterschätzt?

56   Hierbei ertappt man gelegentlich auch gute Journalisten!

57   Barraclough 89 f.; 91-116, besonders 91 f.; 93-96; 97 Anf. U. Mitte; 97-99; 100-103; 103-105 Anf.; 105-108; 108-112; 113 Anf.

58   Engler 195; 268; 269 f.; 271 Mitte; 273 Mitte; 274; 275 oben; 277; 280; 281 Mitte; 282 oben; 283; 285; 286 f.; 288; 289; 291; 292; 294; 295; 296 Mitte; 297 (dagegen Barraclough 345 A. 8 mit Bezug auf Barraclough 97!); 298 f. (Papsterhebung Hildebrands); 299

markiert die Verstöße gegen das Papstwahldekret von 1059, das er nicht für sich selbst gelten ließ); 300 f. (zum „Dictatus papae"); 302 f.; 303 (Petrus Damianus und Hildebrand); 304; 305 f.; 306; Engler zeigt die Zielstrebigkeit der Hildebrandinischen Partei und vor allem Hildebrands selbst, dessen taktisches Geschick zuweilen an die „Salami-Taktik" moderner kommunistischer Umstürzler erinnert. Vgl. auch 310; 314; 315 f.; 317 f.; 323 ff.; 326-330; 331-334.

59   Barraclough 64-69; 69-72; 73-75 (kirchliche Ministerialen und Reichsministerialen); 76-83; 83-86; 86-89; 90; 91-99; 100-105; 106 ff.; 108-113, besonders 110 f.; 115 f.; Engler 306-310; 310-313; 314; 315 Mitte; 316; 324 f.; 326; 327-331; 335 f.; 337 f.; 341; 342 f.; 344; 345 ff.; 353-367; 368; 369; 370 ff.

60   Barraclough 61 f.; 343 f. mit A. 58 u. 59; Engler 241 f.

61   Barraclough 100; 345 A. 10, 13 u. 14; Scharnagl, Der Begriff der Investitur in den Quellen und in der Literatur des Investiturstreits (1908) S. 308 ff.; Z. N. Brooke, Lay Investiture and its relation to the conflict of Empire and Papacy, Proceedings of the British Academy XXV (1939):

62   Barraclough 100-103; 345 f. A. 15-17; Engler 160 f.; 264; 268; 280; 287; 366 f.

63   Barraclough 100; 345 A. 15.

64   Barraclough 97 f.; 345 A 9; Engler 284-300; besonders 285 f.; 289; 291; 292; ganz besonders wichtig 298 f.

65   Dann gilt freilich Enlger 299 Mitte nur mit Vorbehalt!

66   Vgl. obige Anm. 58 mit Verweisen auf die diesbezüglichen Darlegungen Englers!

67   Barraclough 98

68   Barraclough 98; 345 mit A. 11; dort Verweis auf Thomoson, Feudal Germany, dortige Seite 136.

69   Barraclough 99

70   Barraclough 71 Mitte; Engler 245; 257; 272.

71   Engler 264; 272.

72   Enlger 268; 269 f.; 271; 287; 292; 299; 327; 366 f.

73   Engler 166 mit Verweis auf Versuche, die Ehelosigkeit der Geistlichen einzuführen, seitens Ottos I. und auf dessen Synode von Ravenna; 277; 287; 294; 295.

74   Lortz; Geschichte der Kirche in ideen-geschichtlicher Betrachtung. 2 Bde. 22./23. neu bearb. Aufl.; ersch.: Münster: Aschendorff 1962. Dort Bd. 1; S. 306 ff.; 309; 310; 312-318; 320-328; Barraclough 89 f.; 91 f.; 93-99; 100-108; besonders 105; Engler 300 ff.; 316; 317 f.; 318-323; 323-334.

75   Barraclough 89 f.; Engler 301; dazu obige Anm. 74.

76   Man kann kaum sagen, welche der beiden von Bonifacius VIII. verfaßten Bullen furchtbarer ist, ob „Unam

sanctam ..." oder „Clericis laicos ...": Vgl. Engler 195; 366 f.; 368 f.; 376 f.; 383; 384; 406; 408; 411 f.

77   Engler 47 f.

78   Engler 48

79   Engler 334

80   Engler 161-168: „Das Wunder von Cluny"; dort besonders 166 f. u. 169; Barraclough 91; 92; 93 f.

81   Barraclough 93; 105 f.; 108; 110; 345 f. A. 16-29; Engler 303 f.

82   Barraclough 56

83   Barraclough 54

84   Konrad Adenauer, Erinnerungen (ersch.: Stuttgart: Deutsche-Verlags-Anstalt 1966), Bd 2, S. 421 Mitte

85   Barraclough 85 f.; Engler 290 f.; 307; 308; 309

86   Engler 309 f.

87   Barraclough 64-76; 76-83; 83-89

88   Barraclough 69

89   Barraclough 69; 344 mit dortiger Anm. 63 sowie dort angegebene Literatur

90   Barraclough 70-73

91   Barraclough 74

92   Barraclough 75 f.

93   Barraclough 78 ff.

94   Barraclough 81 ff.

95   Vgl. hierzu auch Barraclough 82 Mitte

96   Vgl. Barraclough 83-89; Engler 306-313

97   Engler 43 f.; 303 f.

98   Vgl. Leopold Ziegler, Edgar Julius Jung. Denkmal und Vermächtnis (ersch.: Baden bei Wien: Rudolf M. Rohrer 1955 in der Serie „Stifterbibliothek" als Bd. 61), S. 35-37.

99   Barraclough 97; 107; 345 mit dortiger Anmerkung 8; Engler 297. Barraclough gibt indes die exaktere und instruktivere Darstellung.

100   Barraclough 99; 110-112; Engler 336-339; 340 ff.; 343-347.

101   Engler 351; 353; 354 f.

102   Barraclough 41-47 mit weiteren Einzelheiten. Dazu 59 f.

103 Barraclough 38-64.

104 Barraclough 61; 343 f. mit dortigen Anmerkungen 58
u. 59; Anm. 58 ist verwiesen auf Julius Ficker: Vom
Reichsfürstenstande II 2 (1921), 143; Ficker, Das Deutsche Kaiserreich (1862) s. 64,9 und „Deutsches Königtum und Kaisertum" (1862) S. 50-51. Anm. 59 lautet:
„Weltdienst, nicht Weltherrschaft": H. Heimpel,
„Deutschlands Mittelalter, Deutschlands Schicksal"
(1933), S. 9.

LITERATURVERZEICHNIS

Adenauer, Konrad   Erinnerungen, Bd. 2. Ersch. Stuttgart:
Deutsche-Verlags-Anstalt 1966.

Barraclough, Geoffrey
The Origins of Modern Germany. (Bis-
her allerneuester Nachdruck 1988. Ersch. Oxford: Basil Blackwell. ISBN
0631-16106-6. Übersetzung der Seiten
1-362 ins Deutsche von Friedrich Baeth-
gen, ersch. Weimar, Friedrich Böhlaus-
Nachfolger 1955, unter dem Titel „Die
mittelalterlichen Grundlagen des modernen Deutschlands".

Engler, Aulo   Canossa. Die große Täuschung. D 8137
Leoni a, Starnberger See: Türmer-Verl.
1988

Erdmann, Carl (Hrsg.)
„Die Briefe Heinrichs IV.". Ersch. Leip-
zig: Verlag Karl Hiersemann 1937, als
Nr. 1 in der Serie „Deutsches Mittelalter.
Kritische Studientexte des Reichsinsti-
tuts für ältere deutsche Geschichtskunde
(Monumenta Germaniae Historica)",
dort besonders S. 12-17.

Ficker, Julius   Vom Reichsfürstenstand II 2 (1921)

Ficker, Julius   Das Deutsche Kaiserreich (1862)

Heimpel, H.   Deutschlands Mittelalter, Deutschlands Schicksal (1933)

Lortz, Joseph   Geschichte der Kirche in ideen-geschichtlicher Betrachtung. 21., völlig neu bearb. Aufl. mit 46 Karten und 46 Bildtafeln. Ungekürzte Druckausgabe in einem Band. Münster: Aschendorf 1963.

Lortz, Joseph   Die Reformation in Deutschland. Unveränderte Neuausgabe. Mit einem Nachwort von Peter Manns. Freiburg i. Br.: Herder 1982. ISBN 3-451-19594-1.

Weizsäcker, Ernst v. Erinnerungen. München: Paul List 1950.

Ziegler, Leopold   Edgar Julius Jung. Denkmal und Vermächtnis. München-Salzburg: Stifter-Bibliothek, Bd. 61, 1955 (in „Fragen der Zeit").

Fast zehn Jahre sind vergangen seit der Ausfertigung dieser Hinweise. Aus meiner näheren wie aus meiner entfernteren Umwelt habe ich viel fruchtbare Kritik mit wertvollen Anregungen erfahren. Ich hoffe, sie in nicht zu ferner Zeit in die Tat umsetzen zu können. In der Sache, vor allem in den Hauptpunkten, auf die es mir besonders ankam und ankommt, erfuhr und erfahre ich Zustimmung. Freilich fehlten und fehlen nicht Hinweise auf die Notwendigkeit gründlicheren Studiums bestimmter Quellen und ebenso gründlicher Auseinandersetzung mit ihnen. Verständnis für meine individuellen Schwierigkeiten fand und finde ich indes ebenfalls. Dankenswerterweise berücksichtigten und berücsichtigen meine Kritiker gerecht, was ganze Jahrzehnte lang mein Hauptgeschäft gewesen und geblieben ist.

Wenig beglückt war und bin ich indes in Anbetracht sehr vieler schriftlicher und mündlicher Zeugnisse verschiedenster Art, die deutlich machen, daß sich sehr viele Menschen gar zu wenig bemühen um nötige Schärfe der Unterscheidung:

Sie verkennen beispielsweise, daß man den hier zur Diskussion stehenden Entwicklungsphasen der Zeit von 919 bis 1056 und bis 1106 nicht vorauseilen und sich nicht auf spätere Jahrzehnte oder gar spätere Jahrhunderte fixieren lassen darf. So gehören beispielsweise Diskussionen über „Barbarossa", den Hohenstaufen-Kaiser Friedrich I., nicht hierhin. Individuen , Situationen und Entwicklungen der dem 07.08.1106 folgenden Jahrhunderte sind ja doch naturgemäß verschieden von allen Individuen, Situationen und Entwicklungen der von 919 bis 1106 vergangenen Zeit.

Andere verwechseln „Feudalismus" mit „Föderalismus". Das zumeist modernen demokratischen Staaten eigene Prinzip der Gestaltung des Gesellschafts- oder Staatskörpers, bei der in der Einheit des Ganzen eine Vielfalt selbständiger, gliedhafter Einzelverbände oder Einzelstaaten bestehen bleibt, projizieren sie in die Intentionen hoch- und spätmittelalterlicher wie späterer neuzeitlicher Fürsten hinein. Über die „foideratei" des antiken Rom wissen sie nur wenig oder auch gar nichts: Man kann ihnen nur die Lektüre der von Heinrich Horn, einem Schüler von Matthias Gelzer, verfaßten Dissertation „foederati" empfehlen. Wörter wie „foedus, -eris n", „foederalis, -e", „fédéral(e)" und „federal" sind zu unterscheiden vom mittellateinischen „feudum, -i n = Lehen". Der mittelalterliche Lehensstaat (englischer Ausdruck: „feudal system") ist die Form sozialer, wirtschaftlicher und politischer Ordnung, innerhalb deren eine adelige Oberschicht vom jeweiligen Herrscher lehensrechtlich mit Grundherrschaft sowie mit politischen und gesellschaftlichen Vorrechten ausgestaltet ist. In Deutschland war der Feudalstaat besonders im späten Mittelalter die auf der Grundlage des Lehenwesens ausgebildete Staatsform (aus ihr entwickelte sich später der Ständestaat).

Ganz aus dem Bewußtsein moderner Menschen scheint mir zuweilen der aus dem Althochdeutschen stammende Ausdruck „Allod" verschwunden zu sein, der auf Neuhochdeutsch „ganz eigen" heißen muß. Das Wort bezeichnet ganz eigenes Vermögen, insbesondere ganz eigenes Land. Desgleichen das Familienerbe. „Allod" ist zu unterscheiden von „grundherrlichem Land" Allodial-Besitzer sind jedoch nicht zu verwechseln mit bloßen Gutsherren. Im eigentlichen England gab es ab 1066, also seit Wilhelm dem Eroberer, kein „Allod" mehr. In Frankreich hielt es sich nur selten. Im alten Deutschland des. 10. und des 11. Jahrhunderts n. Chr. verschwand das „Allod" nie –

schon gar nicht das in Adelsbesitz befindliche. „Oft wurde auch am Rodungsland neu begründet". So hört und liest man zuweilen. Ab 16. Jahrhundert verfiel das Lehensrecht, und eine „Allodifizierung (= Allodifikation)" setzte ein: Lehen wurde umgewandelt in freies Eigentum unter Mitwirkung der Lehensbeteiligten (= Agnaten) und gegen Abfindung des jeweiligen Lehensherrn.

Im Zuge der Bauernbefreiung wurde durch allgemeine Verleihung freien Eigentums der Unterschied aufgehoben. Unter „Allodialgut" verstand man Privatvermögen einer fürstlichen Familie. Man unterschied es von fiskalischem Besitz, also von Staatsgut. Zu den Aufgaben, die den Deutschen des 10., besonders aber des 11. und des 12. Jahrhunderts n. Chr. gestellt waren, gehörten die Sicherung des Gleichgewichts der Untergewalten, die Sicherung ihrer richtigen Relation zur königlichen Obergewalt und die Sicherung der richtigen Relationen der Untergewalten zueinander. Allodialbesitz von Adeligen wie von freien Bauern hätte in richtigen Relationen zum Besitz von Lehensträgern wie zum Krongut gesetzt werden müssen. Wäre alles dies geschehen, so hätte dies im 11. Jahrhundert schon wirksam beigetragen zu dauerhafter Sicherung Deutschlands als eines in sich ausgeglichene Staates!

Umfassendstmögliches Verständnis der mittelalterlichen Grundlagen Deutschlands, nicht zuletzt des modernen Deutschland, bewirkt auch das nötige Wissen um die Grade ihrer Tragfähigkeit. Man muß wissen, wer und was für seine Baufehler verantwortlich ist!

Wie sehr der Mangel an Wissen und Verständnis bezüglich der germanischen Wurzeln in der Vergangenheit geschadet hat, müßte eigentlich heute gründlich verstanden sein ... Desgleichen, welche Verbrecher von dieser Unzulänglichkeit ihren über Gebühr großen Nutzen gehabt haben ...

An Versuchen sachgerechter Auseinandersetzung mit dem unbewältigt gebliebenen Erbe der untergegangenen griechischen und römischen Antike hat es im Mittelalter keineswegs gefehlt: Man denke an die Merowingische, die Karolingische und an die Ottonische Renaissance! Also an Versuche, die ganze Jahrhunderte vor dem Humanismus des späten 15. und des 16., vor dem Neu-Humanismus des 18. und vor allem des 19. und vor Ansätzen zu jenem von den Hitleristen abgewürgten „Dritten Humanismus" des 20. Jahrhunderts unternommen worden sind! Wenn wahr ist, daß sich die Ansätze der Zeit der Merowingischen Renaissance bei Wahrung der nötigen Kontinuität viel fruchtbarer hätten auswirken können als die der Karolingischen und der Ottonischen, dann ist die weithin diesbezüglich verbreitete Unwissenheit höchst beschämend! Von diesem Tadel kann ich selber mich keineswegs ausnehmen!

Was alle diese Renaissance-Bewegungen, vor allem die Merowingische Renaissance, zum bestmöglichen Selbstverständnis der Europäer und besonders der Deutschen hätten beitragen können und unter allen Umständen hätten beitragen müssen, sollte nicht Alleinbesitz weniger Historiker bleiben!

Mit diesen Hinweisen hoffe ich einigermaßen wirksam hingewiesen zu haben auf gegenwärtige und zukünftige Notwendigkeiten, die man endlich einmal mindestens ebenso wichtig nehmen muß wie naturwissenschaftlichen und technischen Fortschritt!

St. Blasien, Pfingsten 2002